RALF SCHOLLENBERGER

WEIL ES UMS GANZE GEHT

novum ◣ pro

Dieses Buch ist auch als
e-book
erhältlich.

www.novumverlag.com

Bibliografische Information
der Deutschen Nationalbibliothek:

Die Deutsche Nationalbibliothek
verzeichnet diese Publikation in
der Deutschen Nationalbibliografie.
Detaillierte bibliografische Daten
sind im Internet über
http://www.d-nb.de abrufbar.

© 2023 novum Verlag

ISBN 978-3-99146-383-2
Lektorat: Lektorat KL
Umschlagfotos: Galyna Andrushko,
Olga Itina | Dreamstime.com
Umschlaggestaltung, Layout & Satz:
novum Verlag
Autorenfoto: Nena-Fee Schollenberger

www.novumverlag.com

Climate neutral
Print product
ClimatePartner.com/16547-2201-1002

Vorwort von Dr. Ralf Schneider

Liebe Leser und Leserinnen,

es ist mir eine wahre Freude, dieses Buch von Ralf Schollenberger mit Ihnen zu teilen: „Weil es ums Ganze geht". Darin präsentiert er eine tiefe Wahrheit, die zugleich verwirrend, trivial und komplex als auch tröstlich ist: Alles ist jetzt und hier, und alles ist mit allen verbunden.

Wenn wir uns einen Moment Zeit nehmen, um über unser Leben nachzudenken, wird deutlich, dass sich unsere Wege mit vielen gutherzigen Menschen gekreuzt haben, die einen positiven Einfluss auf unseren Weg hatten. Ralf ist ein solcher Mensch, den ich vor über 20 Jahren als Arbeitskollege kennengelernt habe und der mir seither ein guter Freund geblieben ist. In der Gegenwart solcher Menschen ist es, als ob man durch die Tugenden der Achtsamkeit, Neugier und Freundlichkeit mühelos positive Energie aufnimmt.

Sein Buch nimmt uns mit auf eine Reise zu einem zufriedenen und erfüllten Leben und bietet uns einen Kompass mit acht Himmelsrichtungen, die uns ein Universum an Möglichkeiten eröffnen. Der Protagonist der Erzählung durchlebt eine existenzielle Krise, obwohl er vermeintlich alles hat. Er selbst versteht seine Krise gar nicht als solche. Liebe Menschen helfen ihm, sich selbst wahrzunehmen und seinem Leben eine neue Richtung zu geben.

„Zufrieden sein zu wollen, ist eine bewusste Entscheidung", schreibt Ralf im ersten Abschnitt seines Buches. Mein Lebensgefühl trifft er damit von Beginn an. Ich konnte miterleben und mitfühlen, was das Geschriebene auch für mich selbst bedeutet.

Der Mittelteil seiner Geschichte hat mich nicht nur gefesselt, für mich ist dieser Abschnitt eine Quelle nachhaltiger und fortwährender Inspiration.

Das Ende der Erzählung wird zum Kristallisationspunkt des Gelesenen, das mich an seinen Anfang zurückführt. So schließt sich sein Circle de Vie.

Als Leser habe ich im Geschriebenen authentisch die Lehren und Trainingsmethoden von Ralf erlebt, wie ich ihn über die Jahre begleiten durfte und immer noch erleben darf. Ich bin mir sicher, dass jede Leserin und jeder Leser für sich etwas aus diesem Buch ziehen kann, wenn die Bereitschaft dafür vorhanden ist.

Lieber Ralf, herzlichen Dank für diese Leseerfahrung. Ich bin dankbar für Deine Freundschaft und Deinen Beitrag zu persönlichem Wachstum und Erfüllung.

Dein Ralf Schneider

Über Dr. Ralf Schneider:

„Teile Deine Lebensenergie und Lebensfreude, um das Leben lebenswerter zu machen." Dr. Ralf Schneider gibt diese Attitüde zusammen mit seiner Frau Roswitha an seine Kinder Lucas, Paula und Jonathan weiter. Dr. Ralf Schneider ist seit Oktober 2010 CIO der Allianz Gruppe. Von 2010 bis 2016 war er zudem IT-Vorstand der Allianz Technology SE und davor fünf Jahre lang CIO der Allianz Deutschland (Allianz Deutschland AG). Seit 1989 hat er mehrere Führungspositionen im IT-Bereich bei der Allianz innegehabt. Ralf Schneider hat leitende Mandate in verschiedenen Organisationen mit Bezug zur Cybersicherheit, wie dem Cyber Security Sharing & Analytics (CSSA) e.V., der Deutschen Cyber Sicherheitsorganisation (DCSO) sowie dem Digital Society Institute (DSI) der ESMT in Berlin. Er engagiert sich als stellvertretender Vorsitzender im Bundesverband der IT-Anwender (VOICE e.V.), als Senator der Nationalen Akademie der Technikwissenschaften (acatech) und als Beirat des Nationalen Forschungszentrums für angewandte Cybersicherheit Athene.

Anfang und Ende

Jeder Mensch kann ein selbstbestimmtes und zufriedenes Leben im Einklang mit der Natur führen. Von allein passiert das allerdings nicht. Zufrieden sein zu wollen, ist eine bewusste Entscheidung.

Viele Menschen spüren eine Sehnsucht nach Anerkennung, Geborgenheit, innerem und äußerem Frieden sowie einem Leben ohne Not und Sorgen. Aber ist das in unserer Zeit überhaupt möglich?

Wir haben in Europa und speziell in Deutschland ein Wohlstandsniveau erreicht, das in der Geschichte einmalig ist. Gute medizinische Versorgung, Zugang zu Bildung, gesetzlich garantierter Urlaub, Mindestlohn und Arbeitszeiten, die nie kürzer waren. Wir leben im Überfluss – und länger denn je. Mit dem Wohlstand ist die Lebenserwartung gestiegen.

Schauen wir auf die Schattenseite der Überflussgesellschaft. Wir verschwenden Ressourcen, wir konsumieren mehr, als die Erde für uns bereithält. Wie wir essen und trinken, unser Umgang mit Medikamenten und Medien führt schleichend zu körperlichen und geistigen Veränderungen. Zu viel Leistungsdruck, Stress, Sorgen, zu wenig Achtsamkeit, Bewegung und Regeneration begünstigen diese Entwicklung.

Überfluss und Reizüberflutung überlasten permanent unsere Sinne und unsere Psyche. Äußere Erwartungen lasten auf uns, und wir wollen unseren eigenen Anforderungen und Verpflichtungen gerecht werden. Wir sind Partner, Kind, Elternteil, Angestellter, Vorgesetzter oder Kollege, Freund und vieles mehr.

Wie kann ich es im ständigen Wettbewerb meiner Pflichten allen recht machen, wie allen Rollen erfüllen? Wie soll ich das alles schaffen?

In einer Zeit, in der ich vermeintlich alles hatte – Familie, eine tolle Ehe, wunderbare, gesunde Kinder, einen gut dotierten Job in leitender Position bei einem DAX-Konzern, gute Freunde – fühlte ich doch: Mir fehlt etwas für ein glückliches und zufriedenes Leben. Daraufhin habe ich begonnen, mich mit dem Thema „Glück und Zufriedenheit" zu beschäftigen.

Die Flut an Glücksbüchern und -ratgebern zeigt, dass es nicht nur mir so ging. Je mehr „Glückslektüre" ich gelesen habe, umso schlechter habe ich mich gefühlt, weil ich nach wie vor Unzufriedenheit empfunden habe. Klar, ich konnte viele der Tipps anwenden und ja, ich hatte viele glückliche Momente. Aber war ich zufrieden? Nein, nicht dauerhaft, nicht nachhaltig.

Bald begann ich, zwischen Glück und Zufriedenheit zu unterscheiden. Die Glücksforschung versteht Glück als Lebenszufriedenheit oder Wohlbefinden. Eben mit dieser Lebenszufriedenheit befasst sich dieses Buch.

Zufriedenheit bedeutet für mich, innerlich ausgeglichen zu sein. Zufrieden bin ich, wenn ich nichts anderes begehre als das, was ich habe. Wenn ich mit den gegebenen Verhältnissen und dem, was ich leisten kann, im Reinen bin.

Wie gelangen wir zur Zufriedenheit? Das zeige ich anhand einer Geschichte. Während diese Erzählung und die darin aufgezeigten Lösungen aus vielen Sachbüchern, Kulturen, Regionen und Religionen stammen, sind die Figuren frei erfunden. Ähnlichkeiten zu tatsächlichen Personen sind weder beabsichtigt noch gewollt. Alle Quellen sind sorgfältig gewählt und in Teil V aufgeführt.

Einen wissenschaftlichen Anspruch hat dieses Buch nicht. Es soll nicht verurteilen oder anklagen, im Gegenteil: Es soll dazu befähigen, selbstständig aktiv zu werden und nicht die Zuversicht in sich, die Natur und die Menschen zu verlieren.

Die romantische Hoffnung, etwas bewirken zu können, hat mich motiviert, dieses Buch zu schreiben. Ich sehe es als kleinen Impuls, der das Potenzial hat, Veränderung anzustoßen. Wer nicht daran glaubt, dass kleine Dinge etwas bewirken können, der hat nie eine Nacht mit einem Moskito im Zimmer verbracht oder ist mit einem Steinchen im Schuh gelaufen.

Meine Suche hat mich an interessante Orte geführt, und ich habe sehr viel gelesen. Eine liebe Freundin sagte einmal zu mir, dass es ein Segen wäre, wenn ich es ihr ersparen könnte, auch so viel lesen zu müssen, um das Rätsel der Zufriedenheit besser zu verstehen. Das war der Anstoß, dass ich begonnen habe zusammenzutragen und aufzuschreiben.

Was mich antreibt, ist das Wissen um die Beständigkeit aller Lebewesen, der Natur und einer Spiritualität, wie sie bei Völkern vieler Ureinwohner Afrikas, Nordamerikas, Australiens und sogar in einigen Religionen zu finden ist. Der Große Geist oder Gott oder das Große Ganze, das dafür sorgt, dass alles zusammenhängt, dass alles einen Sinn ergibt.

Wovon wir überhaupt reden, wenn wir vom Sinn des Lebens sprechen, lässt sich vielleicht mit philosophischem Denken klären. Der Frage nach dem Sinn können wir uns auch normativ annähern:

Worauf kommt es im Leben an?

Welche Werte sind relevant?

Wie bekommt mein Leben Bedeutung?

Welche Rolle spielt mein Handeln?

Theologie und Spiritualität eignen sich ebenfalls, um das Große Ganze in Augenschein zu nehmen:

Gibt es ein übergeordnetes Ziel?

Welchen Zweck hat meine Existenz?

Was kommt nach dem Tod?

Ich bin der Meinung, dass es nicht die eine Antwort auf all diese Fragen gibt. Wir stehen erst am Anfang, die ganzheitlichen Zusammenhänge in der Entwicklung der Geschöpfe und der Natur zu begreifen.

Das Lesen der Geschichte kann persönliche Erfahrungen, Kontakte, solidarisches Engagement, nachhaltiges Handeln und den Mut zur eigenen Veränderung nicht ersetzen. Das Buch kann und soll dazu befähigen, einen Prozess bei den Lesenden anzustoßen. Es soll Lust machen, sich zu öffnen – für die Natur, für die Liebe zu sich und anderen sowie für mehr Leichtigkeit im irdischen Dasein. Schließlich liegt alles, was wir sind und was wir werden, nur in uns selbst!

Nach meiner Erfahrung prägen sich Dinge besser ein, wenn sie in Bildsprache oder in Geschichten erzählt werden. Deshalb habe ich mich dazu entschlossen, die gewonnenen Erkenntnisse in Form einer Geschichte zu erzählen. Teile der Geschichte sind mir oder Bekannten genauso passiert, andere sind Fiktion. Ich freue mich auf die Diskussionen und die Spekulation, was echt und was erfunden ist.

Viel Freude beim Lesen.

Ralf Schollenberger

* * *

„Immer und überall"

„Ohne Leidenschaft gibt es keine Genialität."
Dieses Zitat von Theodor Mommsen hat mich geprägt. Ein gewisses Maß an *Leiden* und das *Schaffen*
gehört dazu, wenn man genial sein möchte. Und wer
will nicht genial sein? Ich brenne für meine Aufgaben,
für mein Team und meine Firma. Tag für Tag, Jahr
für Jahr. Ich bin erfolgreich, werde geschätzt und
gebraucht. Alles ist auf Erfolg und Genialität gepolt.

∞

Mittwoch, 4 Uhr. Ich liege wach im Bett und versuche zu schlafen. Meine Gedanken kreisen um die
Herausforderungen und Aufgaben meiner Arbeit.
Das ist er wohl: der Preis des Erfolgs. Seit Tagen
schlafe ich schlecht und komme nicht zur Ruhe.

∞

Wochenende. Ich habe keine Lust, etwas zu unter-
nehmen. Die Woche war anstrengend; ich möchte Kraft tanken, denn in der kommenden Woche
stehen wichtige Sitzungen und Verhandlungen an.
Frau und Kinder sind enttäuscht. Sie wollten eigentlich einen Ausflug machen. Die haben leicht reden.

∞

Was für ein Jahr. Wir haben erneut die Ziele übertroffen, wir wachsen weiter. Das Zielerreichungsgespräch war kurz und wenig inspirierend wie die Jahre zuvor. „Sie haben die Vorgaben erfüllt" wird in keinerlei Hinsicht den Anstrengungen und dem persönlichen Energieaufwand gerecht, der dafür erforderlich war. Über den Bonus freue ich mich. Über Anerkennung hätte ich mich auch gefreut.

∞

Da sind sie wieder, diese schlimmen Kopfschmerzen. Ich hatte gestern schon gemerkt, dass die Verspannungen über Schulter und Nacken nach oben kriechen, bis sie heute ihr schmerzhaftes Finale im Kopf erreicht haben. Das passiert mir immer, wenn ich Urlaub habe. Sobald die Drehzahl sinkt, geht es los. Meine Familie hat sich inzwischen damit abgefunden. Ich auch.

∞

Mein Boss hält sich heute aus allem heraus, nur um sich morgen im Detail wieder einzumischen. Geht es hier wirklich um die Sache, oder geht es darum, dass er keine Fehler macht und gut dasteht?

∞

Was für ein Tag. Stundenlange Sitzungen, Diskussionen und formelle Beschlüsse, die informell hinten herum wieder ausgehebelt werden. Ich bin müde und traurig. Wenn ich jetzt das Haus betrete, dann wollen die Kinder und meine Frau, dass ich funktioniere und meinen Job als Vater und Ehemann erledige. Ich sitze im Auto in der Garage und starre die Wand an. Ich kann da jetzt noch nicht hineingehen.

∞

Ich beobachte die Kinder beim Spielen. Alles scheint so einfach und leicht. Aufgedreht und glücklich rennen sie zu mir. Hast du dies gesehen, hast du jenes gesehen. Begeistert und leidenschaftlich berichten sie von ihren Taten. Mein Mund lächelt mechanisch. Ich habe immer noch keine Lösung gefunden, wie ich kommende Woche in der Vorstandssitzung endlich die wichtigen Entscheidungen bekommen kann, auf die ich seit Wochen warte. Ich bin traurig und müde. Einfach nur müde.

TEIL I
ORIENTIERUNGSLOS

* * *

„Im kosmischen Maßstab spielt der Mensch eine vergleichsweise geringe Rolle. Unsere Existenz in einem tieferen Sinn zu interpretieren, erscheint beinahe unangemessen."

KAPITEL 1

Ausgebrannt

Frierend liege ich auf einem einfachen Lager im Nirgendwo in den kanadischen Bergen. Meine müden Augen starren auf den kalten Ofen. Gut, ich bin selbst schuld. Hätte ich gestern Holz gesammelt, wäre mir jetzt nicht kalt. Aber meine Energie reichte nicht einmal, um draußen ein paar Zweige und Äste aufzusammeln.

Was ist mit mir los? Wie konnte es so weit kommen?

Beruflich bin ich erfolgreich. Ich liebe meine Frau und die Kinder, wir leben in unserem Traumhaus, pflegen eine Reihe von Freundschaften, materiell fehlt es an nichts. Die besten Voraussetzungen, um glücklich zu sein – könnte man meinen.

Vor einigen Wochen habe ich es morgens beim Anziehen nicht mehr geschafft, die Manschettenknöpfe am Businesshemd zu schließen. Mehrere Versuche, die schwarzen Klavierlack-Knöpfe an den Manschetten anzubringen, scheiterten. Meine Hände zitterten, Panik stieg in mir auf. Antonia, meine Frau, schaute besorgt zu. Als ich ihr in die Augen sah, flossen haltlos die Tränen – bei uns beiden.

„Ist es das wert?", fragte sie. „Du brauchst eine Auszeit."

Ich entschuldigte mich für meine Schwäche. „Ich bekomme das in den Griff", versicherte ich ihr und machte mich auf den Weg ins Büro.

Wie ich zur Arbeit gekommen bin, weiß ich nicht mehr so genau. Der Weg ins Büro liegt unter einem Schleier. Es scheint eine Art unterbewusstes Fahren zu geben.

Mit dem Betreten des Büros setzt meine Leistungsroutine ein. Ich funktioniere dann wieder. Wenn der Rechner eingeschaltet ist und der erste Becher Bürokaffee vor mir steht, startet automatisch mein Notlauf-Programm. Probleme, Gefühle, Sorgen und Bedürfnisse sind ausgeblendet. Weiter geht's.

Ich habe mich seit jeher über Arbeit, Erfolg und Leistung definiert. Keine Schwäche zeigen, immer alles geben. Ich beiße mich durch, mache nicht wegen jedes Zipperleins schlapp.

Mein Job hat mir immer viel Spaß gemacht. Aber er ist auch mit permanentem Druck verbunden. Mit der Zeit habe ich gemerkt, dass ich meinen vielen Rollenanforderungen nicht mehr gerecht werde. Ich bin Führungskraft, Ehemann, Vater, Bruder, Sohn, Onkel und Freund. In all diesen Rollen habe ich Erwartungen zu erfüllen. Um Energie zu sparen, habe ich begonnen, meinen Fokus auf den Beruf zu legen und meine sozialen Kontakte auf das Nötigste zu beschränken.

Mein Energielevel war am Ende. Obwohl ich abends ständig kaputt war, schlief ich nur schwer ein und wurde nachts dauernd wach. Sogar mitten in der Nacht kreisten meine Gedanken wie selbstverständlich um die Themen aus dem Büro.

Ich fühlte mich permanent verspannt, hatte keinen Appetit und war leicht reizbar. Früher war ich geduldig und empathisch gewesen, jetzt hatte ich eine kurze Zündschnur. Störungen meiner Abläufe ertrug ich kaum.

Ja, Störungen. Genauso empfand ich es, wenn mich jemand um etwas bat, mich etwas fragte oder einfach nur mit mir reden wollte – eine Störung meiner Ruhe und Abläufe. Darunter litten vor allem meine Familie und Freunde.

Mein Bedürfnis, für mich zu sein, wuchs. Ich wollte niemandem begegnen, mit niemandem reden. Mein Leben stieg mir über den Kopf, ohne dass ich es mir bewusst machte.

Die Tränen meiner Frau an diesem besagten Morgen haben mich tief berührt. Mit Tränen konnte ich immer schon gut umgehen, nicht aber mit diesem Blick. Ihre feuchten Augen spiegelten Angst, Verzweiflung und eine aufrichtige Sorge um uns, vor allem um mich, wider. Ohne Worte sagte sie mir: „Ich will dir helfen, aber das musst du selbst regeln. Bei dir hat es begonnen, nur du kannst es beenden."

Antonias Reaktion war ausschlaggebend dafür, dass ich meine Situation hinterfragt habe. Ich lege Wert darauf, den Erwartungen und den Werten unserer Beziehung gerecht zu werden.

Das Hauptmotiv, mich auf diese Sache hier einzulassen, lag mehr darin die Ehe nicht zu gefährden, denn die Überzeugung, dass ich Hilfe brauche. Im Ergebnis ist das egal.

Nun bin ich an diesem unwirklichen Ort gelandet. In der zugigen Holzhütte einer indigenen Schamanin im kanadischen Nirgendwo. Hier sind nur sie und ich.

Alternativen hätte es gegeben. Ich wollte allerdings nicht in so ein „Burnout-Center" oder in eines dieser Bootcamps für gestresste Seelen und gestrauchelte Menschen. Ich habe keinen Burnout oder etwas in der Art. Ich bin keiner dieser Wichtigtuer, die mit ihrem Alltag nicht klarkommen und einen Burnout für ihren Lebenslauf brauchen. Ich bin einfach nur müde. Vermutlich brauche ich bloß ein paar Tage Abstand vom Alltag. Ich muss mich mal wieder entspannen und abschalten.

Als ich gestern nach mehreren Stunden Anfahrt in einem Kaff am Ende der Welt ankam, wartete meine Kontaktperson bereits mit einem verrosteten, blauen Pickup auf mich. Wir begrüßten uns knapp. Meine Bürohände verschwanden fast in den schwieligen Pranken meines Gegenübers. Er bedeutete mir, meine Sachen auf die Ladefläche zu werfen und einzusteigen.

Im Wagen roch es nach Öl, Nikotin und Schweiß. Staub bedeckte das Armaturenbrett und die Seitenverkleidung. Aus den Rissen der verdreckten Sitzbezüge quoll vergilbter Schaumstoff. Im Fußraum lagen Kaffeebecher und leere Verpackungen von „Meat Snacks", die raschelnd und knisternd ihren Unmut äußerten, als ich versuchte, meine Hogan-Sneakers in diesem Müll unterzubringen. „Null Sterne für Sauberkeit", dachte ich. Egal, er war nun mal derjenige, der mich den Rest meines Weges fahren und später wieder abholen wollte.

Hinter der Seitenscheibe zogen verwahrloste Schaukeln, alte Wohnanhänger und Autowracks in Vorgärten an mir vorbei, während wir über den Highway rollten. Mich machte diese Tristesse noch trauriger, als ich ohnehin war. Nach einer Weile bogen wir auf eine Schotterstraße ab, eine steil ansteigende, rumpelige Piste, die definitiv das Fahrwerk meines Mietwagens überfordert hätte.

Den Waldweg, auf den wir nach knapp drei Stunden Schotterpiste abbogen, habe ich als solchen zunächst nicht erkannt. Die Zufahrt war zugewuchert, keine Markierungen. Als Ortsunkundiger wäre ich vorbeigefahren. Anfangs schlängelte sich die Strecke durch eine unberührte Landschaft. Wie ein grüner Teppich klebte der Wald an der Bergkette, der wir uns näherten. Dort hinaufzufahren, stetig bergauf, führte selbst unseren Turbodiesel an seine Grenzen.

Eine Lichtung im dunklen Grün, darauf zwei Hütten, vor denen einige Hühner scharrten und pickten. Mein schweigsamer Begleiter hatte mich also sicher an diesen seltsamen Ort in den Purcell Mountains gebracht, der östlichsten Kette der Columbia Mountains. Er zog drei Pakete von der Ladefläche und stellte sie vor der Haupthütte ab. Dann verabschiedete er sich und bestätigte mir, dass er mich „zum richtigen Zeitpunkt" wieder abholen würde.

Zum richtigen Zeitpunkt? Wann soll das denn sein?

Das letzte Zeichen einer Zivilisation hatte ich vor mehreren Stunden gesehen. „Zivilisation" ist schon fast eine Übertreibung. Selbst der Ort, an dem ich den Mietwagen abgestellt habe, war nur eine Ansammlung von Behausungen mit einem unaussprechlichen Namen. Hütten, Trailer, ein Krämer- und Schnapsladen sowie eine Tankstelle, fertig.

Das Heulen eines Kojoten holt mich aus meinen Erinnerungen zurück in meine kalte Unterkunft. Diese Hütte wird nun für einige Zeit mein Zuhause sein. Zumindest so lange, bis ich wieder mein altes Energielevel zurückhabe. Angesetzt sind vier bis acht Wochen, aber bei mir geht es bestimmt schneller. Schließlich bin ich immer schon ehrgeizig und erfolgreich gewesen. Ich schaffe das in der Hälfte der Zeit. In zwei, maximal drei Wochen bin ich wieder fit und hier weg.

In der anderen Hütte wohnt die Alte, eine „Schamanin", wie sie sich bezeichnet. Vor allem auf Wunsch meiner Frau habe ich mich darauf eingelassen. Sie hat tagelang recherchiert, um den richtigen „Therapieweg" für mich zu finden.

Sie ist überzeugt, dass diese Alte die Gabe hat, verloren gegangene oder verirrte Energien zurückzubringen. Die Schamanin soll meine Seele von negativem Ballast reinigen, der für Verirrung und Erschöpfung sorgt.

Ich halte das für Hokuspokus. Als ob sich Seelen verirren oder verloren gehen könnten. Und Seelen reinigen? Das ist ja wohl ebenfalls Nonsens.

Daheim hatte ich mich darüber lustig gemacht: „Wie muss ich mir das vorstellen? Da kommt eine alte Frau aus dem Wald, wedelt mit Weihrauch und fängt meine Seele ein, während der Rest von mir am Lagerfeuer sitzt? Anschließend schmeißt sie meine Seele in die Waschmaschine und hängt sie zum Trocknen raus?"

Antonia fand das nicht lustig. Sie reagierte verletzt und wütend. Mir war bis dahin zwar klar gewesen, dass sie sich um mich sorgt, aber mir war nicht bewusst, wie hilflos sie sich gefühlt hat. „Nur du kannst es beenden", ihre Worte. Trotzdem wollte sie helfen, weil sie mich liebt – oder das, was von dem Mann, in den sie sich verliebt hat, noch übrig ist.

Am Ende habe ich eingewilligt. Nicht aus Überzeugung, sondern der Liebe wegen.

Als ich hier ankam, wies mir die Alte kurz und knapp meine Unterkunft zu, zeigte mir das stille Örtchen für die Notdurft und den Brunnen. Danach verabschiedete sie sich mit den Worten „Kümmere dich um Holz, die Nacht wird kalt".

Kein Willkommenscocktail. Eine „Seelen-Waschmaschine" habe ich auch nicht gesehen. Oh Mann, worauf habe ich mich eingelassen?!

* * *

„Der Weg zu sich selbst ist häufig keine Suche.
Es ist vielmehr ein Loslassen.“

KAPITEL 2

Da, aber nicht angekommen

Die Kälte zwingt mich schon am frühen Morgen aus dem Bett. Mein Rücken schmerzt, mir ist saukalt. Ich wasche mir am Brunnen die Hände und das Gesicht. Das eisige Wasser prickelt auf der Haut und vertreibt die Müdigkeit, hilft allerdings nicht, mich aufzuwärmen. Herrje, ist mir kalt!

Das Holzhaus der Alten steht einen Steinwurf von meiner Behausung entfernt unter riesigen Nadelbäumen. Acht Stufen führen auf die Bohlen einer kleinen Terrasse, unter der Brennholz gelagert ist. Rechts geht es zur Eingangstür und links, in der Hausfront, gibt es zwei Fenster und eine Schiebetür aus Glas. An der Fassade blättert an einigen Stellen die Farbe ab. Darunter kommt das vom Wetter ausgebleichte Holz zum Vorschein.

Durch die Fenster sehe ich eine praktische Küche. Eine Spüle, ein Herd mit vier Kochfeldern, ein Tisch und zwei Stühle. Ein deckenhoher, gemauerter Kamin mit offener Feuerstelle trennt die Küche von ihrer Stube. Dort stehen ein einfaches Bett und ein Schrank.

Die Alte rührt in einem dampfenden Topf. Als habe sie meinen Blick durchs Fenster gespürt, schaut sie auf, lächelt mir zu. Das soll wohl eine Einladung zum Frühstück sein. Mein Magen meldet sich mit einem Knurren.

Drinnen ist es mollig warm. Die Hitze des Feuers aus dem Kamin tut gut. Ich kann förmlich meine Gelenke knacken hören. Wortlos reicht mir meine Gastgeberin eine dampfende Tasse mit aromatisch duftendem Kräutertee, einen Teller mit Rührei und ein Fladenbrot.

Mit einem ebenso wortlosen Nicken bedanke ich mich. Mein Frühstück verschlinge ich wie immer. Für mich ist Essen Nahrungsaufnahme, die mich von meinen Aufgaben abhält. Zu Hause frühstücke ich gar nicht. Ein Kaffee reicht mir in der Regel, um den Tag zu beginnen.

„So, und wie ist der Plan für heute?", frage ich die Alte. Lächelnd schaut sie mich aus schwarzen Mandelaugen an, dazwischen eine rundliche Nase, die wie ein halber Notenschlüssel aussieht. Eine hölzerne, mit einem abstrakten Ornament bemalte Spange, hält ihr graues, von schwarzen Strähnen durchzogenes Haar in einem Zopf zusammen. Die gefiederten Enden ihrer Ohrringe umspielen ihren Hals. Ob das kitzelt?

Meine lächelnde Gastgeberin wirkt gütig auf mich, ja, gütig. Wie alt mag sie sein? 60? 70? Älter? Ich nehme mir vor, das herauszufinden.

„Welcher Plan?", fragt sie, während sie den Topf vom Herd nimmt und den Inhalt in eine Thermoskanne füllt.

„Na, es muss doch einen Plan geben, wie ich wieder fit werde. Seele reinwaschen und so", erwidere ich und denke: Großartig, sie weiß nicht, was sie tut.

„Warum bist du hier?", fragt sie. Da ist es wieder, dieses gütige, aber auch unergründliche Lächeln.

„Na, weil ich ..."

Sie legt ihre Hand auf meinen Arm und sagt: „Denke erstmal darüber nach, bevor du antwortest."

Überrascht von der Berührung, überrumpelt von der Unterbrechung sitze ich mit offenem Mund da. Ich will etwas sagen, aber es gelingt mir nicht. Die Alte wirft sich eine mit bunten Mustern und Tiermotiven bestickte Decke über die schmalen Schultern und verlässt das Haus. Ich sehe ihr ratlos nach. Kein Plan also. Was sollte das? Wieso fragt sie mich etwas und will die Antwort nicht hören? Aber was genau wäre denn meine Antwort gewesen?

Mit einem Korb auf dem Rücken und der Thermoskanne unter dem Arm verlässt sie die Lichtung. Ein seltsames Bild: die zierliche Alte mit ihrer bunten Decke als Kontrast zum Dunkel des Waldes. Sie sieht aus wie ein willkürlicher Farbtupfer auf einem ansonsten perfekt gemalten Landschaftsbild. Der Farbklecks verblasst langsam, bis er ganz vom Schwarz des Waldes verschluckt wird. Was war das denn jetzt? Ich habe keine Ahnung, was ich hier soll.

Mir wird klar, dass ich zwar schon da bin, aber längst nicht angekommen.

* * *

„Der erste Schritt zu einer Lösung ist,
das Problem zu akzeptieren und
die Notwendigkeit der Veränderung und
die Wichtigkeit des Handelns anzuerkennen."

William James,
amerikanischer Psychologe

KAPITEL 3

Warum bin ich hier?

Ich wasche die Holzteller, die Becher und die Gabeln ab, trockne das Geschirr und meine Hände und trete auf die Veranda. Warum bin ich hier? Mit meiner Antwort, dass ich wieder fit werden will, war sie ja ganz offensichtlich nicht zufrieden.

Was erwartet sie von mir? Was will sie hören?

Am besten schreibe ich eine Liste: Punkt für Punkt, nach Priorität sortiert. Methodenkompetenz ist schließlich eine meiner Stärken. Vor der Abreise habe ich mir bei einer Buchbinderei ein Notizbuch mit Ledereinband gekauft. Mal sehen, ob ich meinen Vorsatz, Tagebuch zu führen, durchhalte. Jetzt kann ich das Büchlein erstmal für meine Liste verwenden.

Eine kalte Böe lässt mich frösteln. Vielleicht sollte ich doch erstmal Holz sammeln, einen Vorrat anlegen. So eine kalte Nacht wie die vergangene möchte ich nicht nochmal erleben. Eigentlich komme ich mit wenig Schlaf aus, aber heute fühle ich mich besonders leer und erschöpft.

Meine Hütte ist kleiner als das Haus der Alten. Drei Stufen führen auf eine schmale Veranda, auf der ein klappriger Holzschaukelstuhl steht. Ein Fenster und eine Tür an der Front und je ein Fenster an den Seiten. Die hintere Wand hat kein Fenster.

Dort würde ohnehin kein Licht eindringen, denn unmittelbar hinter der Hütte beginnt der dichte Nadelwald. Neben der Hütte finde ich drei mannshohe Baumstämme mit einem Durchmesser von etwa einer Unterarmlänge, eine Säge, eine Axt und einen Hackklotz.

Etwas Holz liegt bereits ordentlich gestapelt an der westlichen Wand. Na großartig, hätte ich das gestern gesehen, hätte ich in der Nacht nicht so frieren müssen. „Kümmere dich um Holz, die Nacht wird kalt", hatte die Alte gesagt. Ich dachte, ich muss Holz sammeln oder erst noch hacken. Dafür war ich zu müde. Vielleicht hat sie deswegen heute früh so schelmisch gegrinst. Ich hätte wohl einfach genauer hinhören sollen?!

Fast zwei Stunden brauche ich, bis ich einen der Stämme zersägt und in Scheite gespalten habe. Zum Glück lässt sich das knochentrockene Holz gut verarbeiten.

Trotz der kühlen Temperaturen bin ich ins Schwitzen gekommen. Mir schmerzen die Hände und der Rücken.

Einen Teil der Scheite bringe ich in die Hütte. Den anderen staple ich unter dem Verschlag direkt an der Hauswand, der das Holz vor Regen und Schnee schützt.

Die Idee, eine Liste zu schreiben, um die Frage der Alten beantworten zu können, habe ich während des Holzhackens verworfen. Vermutlich wäre ohnehin nur das herausgekommen, von dem ich denke, dass sie es hören will, und nicht der eigentliche Grund, warum ich hier bin.

Ja, warum bin ich hier? Wenn es mir in der Zukunft gut gehen soll, muss ich mich offenbar mit der Vergangenheit befassen. So viel ist mir schon mal klar geworden.

Der kalte Wind und die körperliche Anstrengung haben sich seltsam gut angefühlt. Ich bin stolz auf die geleistete Arbeit. Liegt es daran, dass ich ein sichtbares Ergebnis erzielt habe, oder daran, dass ich einen Sinn hinter der Tätigkeit gesehen habe?

Knackend und knirschend protestiert der Schaukelstuhl auf der Veranda gegen mein Körpergewicht, als ich mich niederlasse. Ich erhebe mich sofort wieder aus Angst, den Stuhl zu zerbrechen. Aber ich wäre eh schnell wieder aufgestanden. Einfach so herumsitzen widerstrebt mir zutiefst. In unserer Familie waren wir immer schon Macher und Unternehmer. Also, was gibt es zu erledigen? Ich verstaue meine Sachen im Schrank und schiebe den leeren Koffer unter das einfache Bett aus massivem Holz.

Zeit, die E-Mails zu checken. Hoffentlich gibt es hier Empfang. Natürlich habe ich mein geschäftliches Smartphone und eine Powerbank mitgenommen. Ich muss ja für die Kollegen erreichbar sein. Die Geräte habe ich im Seitenfach meiner Schuhtasche versteckt, um einen Streit mit meiner Frau zu vermeiden. Als ich das Fach öffne, finde ich statt meines Smartphones einen Zettel:

Netter Versuch, mein Schatz. Vergiss die Arbeit für eine Weile, jetzt geht es um dich. Ich liebe dich.

Der Blick auf mein privates Telefon zeigt mir, dass es hier ohnehin keinen Empfang gibt. Auch der Batteriestatus ist nicht berauschend. 20 Prozent, keine Steckdose, keine Powerbank. Frustriert schalte ich das Smartphone aus.

Ich bin unruhig, rastlos und doch ohne Energie. Was ist nur los mit mir? Mein Unterbewusstsein zwingt mich zur Ruhe, mein Bewusstsein wirft mir vor, tatenlos meine Zeit zu verschwenden.

Von der Hütte schlendere ich zum Brunnen und von dort zu einer kleinen Erhebung hinter dem Haus der Alten, in die eine Art Tür im Boden eingelassen ist. Ich öffne den Riegel und stehe vor einer Treppe.

Eine Vorratsgrube. Von der Decke hängen Kräuter, Zwiebeln und Felle. In einem einfachen Regal stehen Tontöpfe und Einmachgläser. Eine Duftmischung aus Lehm und Kräutern steigt in meine Nase. Auf dem Boden steht ein großer Korb mit Kartoffeln, auf der anderen Seite des Raums eine Kiste mit Äpfeln. Ich steige wieder hoch.

Hinter dem Vorratskeller finde ich einen kleinen Stall und ein Gehege. Hier wohnen also die Hühner, die zwischen den Hütten herumrennen. Durch einen geflochtenen Weidezaun starren mich drei Truthähne an. Ein gurgelndes Krähen gibt mir zu verstehen, dass ich hier nicht erwünscht bin.

Der angrenzende Wald ist so dicht, dass es schon nach wenigen Metern dunkel wird. Ein federnder Teppich aus Kiefernnadeln bedeckt den Boden, es riecht nach Harz und Kiefern. In der Nähe knackt es. Über mir warnt eine Krähe ihre Artgenossen, dass jemand in ihr Revier eingedrungen ist. Ich fühle mich beobachtet. Mich gruselt es in dieser für einen Stadtmenschen fremden Finsternis.

Zurück in der Hütte nehme ich mein Lederbuch und einen Kugelschreiber zur Hand. Ich setze mich in den Schaukelstuhl – und starre auf die leere Seite vor mir.

Wie schreibt man eigentlich Tagebuch? Was mache ich hier, warum bin ich hier? Eigentlich war doch alles gut.

Ich muss mir eingestehen, dass wenn etwas „eigentlich" gut ist, es eben nicht gut ist. Die Kälte und die körperliche Arbeit haben mich meinen Körper spüren lassen. Das ist ein anderes Gefühl, als nur zu funktionieren. Die neue, schlichte Umgebung und das Weglassen von Abläufen und Gewohnheiten haben mir eine andere Perspektive beschert. Nach langer Zeit habe ich tatsächlich wieder bewusst haptische Dinge gefühlt, Gerüche wahrgenommen und Zwiesprache mit mir gehalten. Ich fange an zu schreiben.

> *Ankommen bringt nichts, wenn du nicht weißt, wohin du willst.*
> *Der erste Schritt zu einer Lösung ist, ein Problem als solches anzuerkennen.*
> *Der Weg zu dir selbst ist keine Suche. Es ist ein Loslassen.*

Keine Ahnung, wie lange ich dasitze und auf die drei Zeilen starre, bis ich die Alte aus dem Wald stapfen sehe. Sie winkt mir fröhlich zu. Ich zwinge mich, aufzustehen, und gehe ihr entgegen.

„Sei so gut und nimm mir das hier ab", bittet sie mich. Ich greife nach dem geflochtenen Korb, der mit zwei Lederriemen über ihren schmalen Schultern hängt. Ganz schön schwer. Sie hat Wurzeln, Kräuter, Beeren und Pilze gesammelt.

Gleich wird sie mich sicher fragen, ob ich zu einem Ergebnis gekommen bin, ob ich jetzt weß, weshalb ich hier bin. Eine befriedigende Antwort habe ich noch nicht gefunden, aber mir fällt spontan sicher etwas ein. Als Manager bin ich es gewohnt, schnelle Entscheidungen zu treffen und notfalls zu improvisieren.

Zu meiner Überraschung fragt sie nicht.

„Banyaca hat Vorräte mitgebracht." Sie deutet auf die drei Bündel, die mein Fahrer hier abgestellt hat. „Bring doch bitte die Sachen in den Vorratskeller da drüben", sagt sie und verschwindet im Haus.

Ich erledige, was mir aufgetragen wurde. Als ich zurückkomme, erwartet sie mich auf der Veranda.

„Weißt du, wie wir diesen Ort nennen? Wir nennen ihn *onsimaya*. Übersetzt heißt das: *Wo die Geister tanzen* oder *Platz, der Anerkennung fordert*", erklärt sie, ohne dass ich eine Antwort gegeben habe. „Der Wald hinter dem Haus ist zwar dicht, aber nur etwa 200 Schritte tief. Dahinter öffnet sich nach Westen eine Ebene mit einem Fluss. Von dort aus siehst du die Berge. Östlich des Flusses beginnt der eigentliche Wald. Der zieht sich bis hoch ins Gebirge." Ihre Augen leuchten, während sie mir erklärt, wo wir sind. Sie scheint diesen Ort sehr zu mögen.

Nach meinem verpatzten Einstand mit der Frage nach dem Plan heute früh verkneife ich mir zu fragen, was nun auf dem Programm steht. Ungeduldig warte ich darauf, dass es losgeht. Was immer „es" sein mag.

Die Alte schickt mich in meine Hütte, um ein Handtuch zu holen. Instinktiv rieche ich an meinen Achseln. Dass ich Schweißgeruch verströmen könnte, ist mir unangenehm.

Ich hole ein Handtuch, Unterwäsche und ein frisches Shirt aus meiner Hütte und warte auf die Alte vor der Veranda. Als sie mich sieht, kommt sie heraus und sagt: „Gehen wir." Sie deutet in Richtung Wald. Mit meinen Sachen unter dem Arm stolpere ich ihr nach.

* * *

„Die Vergänglichkeit des menschlichen Lebens ist unausweichlich.
Wir alle haben einen Tag, an dem wir sterben.
An den restlichen Tagen jedoch leben wir.“

KAPITEL 4

Quelle der Kraft

Ich verstehe jetzt, weshalb ihre Augen so geglänzt haben, als sie diesen Ort beschrieben hat. Der Anblick ist atemberaubend. Der Wald, die Wiese, die Berge und der Fluss sehen aus wie gemalt. Wie auf einem dieser Landschaftsbilder, bei deren Anblick man denkt, das gibt es in echt doch niemals so.

Wunderschön. Die Farben, die Geräusche und die landschaftlichen Eindrücke überfordern mich fast ein bisschen. Ich spüre einen Kloß im Hals.

Brandgeruch steigt in meine Nase. Mein Blick fällt auf ein Lagerfeuer im Kies des Flussufers, etwa einen Steinwurf vom Wasser entfernt. Faustgroße Steine umgeben das Feuer, neben dem ein Topf dampft – gerade nahe genug an den Flammen, um Hitze abzubekommen, und doch nicht unmittelbar auf der Glut. Die Alte hat also während ihrer Abwesenheit nicht nur Kräuter und Pilze gesammelt. In sicherer Entfernung zum Feuer hat sie einen hölzernen Schlitten abgestellt.

Neben der Feuerstelle steht eine Art Zelt: acht gebogene Weidenstangen, umhüllt von einem Fell.

„Leg deine Kleidung ab, geh zum Fluss und wasch dich." Die knappen Anweisungen der Alten fühlen sich komisch an. Meistens bin ich derjenige, der Befehle erteilt.

In Unterhosen stehe ich auf dem feinen Kies im Flussbett. Hat mir eben noch die Landschaft den Atem geraubt, ist es jetzt das kalte Wasser.

Spinnst du, ist das kalt. Keine zehn Pferde bekommen mich da tiefer rein als bis zu den Knien. Schnappatmend wasche ich meine Achseln, die Hände und das Gesicht.

Ich forme meine Hände zu einem Becher und nehme ein paar tiefe Schluck Wasser. Die leicht metallische Note schmeckt großartig. Meine Füße schmerzen schon von der Kälte.

Mit einer Gänsehaut vom Ohrläppchen bis zum kleinen Zeh wanke ich aus dem Wasser über den Kies zu der Alten, die aus dem Zelt herauskommt. Ich schlage meine Arme vor meinem Körper zusammen. Zum einen, weil mir kalt ist, und zum anderen, um mein Wohlstandsbäuchlein zu bedecken. Ich habe mich in letzter Zeit nicht mehr so um meine Fitness kümmern können, weil es im Büro viel zu tun gab, rechtfertige ich mich vor mir selbst.

„Wenn du wissen möchtest, wer du bist, musst du lernen, das zu vergessen, was dich die Vergangenheit gelehrt hat, sein zu müssen", sagt die Alte. Das klingt nach einem Eintrag für mein Tagebuch.

„Das ist ein Schwitzzelt für eine spirituelle Reinigung", erklärt sie mir. Mir ist das unangenehm. So ein Hokuspokus – nicht mein Ding.

„Ich bin aber nicht religiös oder so", erwidere ich etwas verlegen. Unbeirrt erklärt sie mir: „Der Eingang zeigt nach Osten, also dorthin, wo die Sonne aufgeht." Sie bittet mich in das Zelt, das innen größer aussieht, als es von außen erscheint, da es etwa knietief in die Erde eingelassen ist. Es ist dunkel, aber doch hell genug, um einigermaßen sehen zu können.

Die heiße Luft riecht nach Kräutern. Ein Segen nach dem eisigen Bad im Fluss. Es tut gut und hilft mir, meine Ganzkörpergänsehaut in den Griff zu bekommen. Die Hitze stammt von den Steinen in der Mitte des Zeltes, die sie mit ihrem Holzschlitten hergeschleift haben muss, während ich mich wusch.

Auf den heißen Steinen liegen verschiedene Kräuter. Sie begießt die Steine mit einem Sud aus dem Topf, den ich vorhin am Feuer gesehen habe. Das Fell ist bunt bemalt mit Handabdrücken, Tiermotiven, wie Bären, Wölfe und Vögel, und Ornamenten in Gelb, Rot, Blau und Schwarz, die wohl die Elemente symbolisieren sollen.

Ich sitze auf einem Fell. Die Alte reicht mir einen dampfenden Becher von ihrem Sud und gibt mir zu verstehen, dass ich das trinken soll. Das ist wohl so eine Art Tee. Er schmeckt bitter, aber nicht unangenehm. Ich bilde mir ein, Minze und Fichtennadel zu schmecken.

„Ich glaube nicht an eine höhere Macht", wiederhole ich, da ich der Meinung bin, dass sie mich vorhin nicht richtig verstanden hat.

„Das musst du auch nicht. Du hast gelernt, rational zu sein und Entscheidungen auf Basis von Fakten zu treffen. Es gibt Gott, den Großen Geist oder wie auch immer wir ihn nennen, oder es gibt ihn nicht. Es liegt an dir, dich zu entscheiden, ob es einen Großen Geist gibt oder nicht. Betrachte es doch mal als eine Wette auf die Zukunft und wäge Gewinn und Verlust dieser Wette ab. Wenn du gewinnst, dann gewinnst du alles, wenn du verlierst, verlierst du nichts. Du kannst also ohne Bedenken darauf setzen, dass es etwas Göttliches gibt", erklärt mir die Alte.

Ihre Worte hinterlassen Eindruck. Ich bin zwar noch nicht überzeugt, finde den Ansatz allerdings mehr als interessant.

„Beginnen wir mit der Reinigungszeremonie", sagt sie. Auf einer Felltrommel mit Glöckchen und Federn an der Seite beginnt sie zu trommeln. Die Trommel scheint sich meinem Herzschlag anzupassen – oder ist es andersherum?

Es dauert nicht lange und ich beginne zu schwitzen. Hitze, Tee und die ganze ungewohnte Situation entfalten ihre Wirkung. Der Schweiß läuft mir in Strömen am Körper herab. Ich fühle mich schwer, müde und leicht schwindelig.

Die Alte beginnt zu beten:

„Danke, Mutter Erde, dass du uns deine Schönheit und Einzigartigkeit offenbarst, und danke, Großer Geist, dass du uns die Möglichkeit gibst, diese Schönheit zu sehen, zu riechen, zu schmecken und zu spüren. Bitte gib uns die Weisheit, die Bedeutung von Mutter Natur und dem Großen Geist zu verstehen.
Großmutter Mond: Gib diesem ungeduldigen Krieger Frieden, Liebe, Energie und Einsicht. Nimm ihm die Last und befreie seine Seele von Ballast.
Zu Ehren aller Geschöpfe und deren Seelen verschenken wir unsere Liebe.

*Wir geben unser Wissen weiter, ehren die Alten und
befähigen die Jungen.
Wir lassen unser Talent zur Entfaltung kommen und
ehren damit den Großen Geist.
Das Feuer, die Erde, das Wasser und den Wind bitten
wir um die Kraft, Neues zu entdecken, mit der Erkenntnis, dass alles war und immer sein wird. Nichts geht je
verloren, nichts wird je vergessen sein.*"

Ich weiß nicht, ob es am Tee, an dem Trommeln oder an dem
Singsang der Alten liegt, aber meine Gänsehaut ist wieder zurück – und das, obwohl es in der Hütte mindestens 70 Grad hat.

„All die Kräfte, die uns unterstützen, kommen aus einer Quelle, die der Schöpfung selbst entspringt. Wir feiern das Leben und
erinnern uns in Dankbarkeit an dieses Geschenk", flüstert die
Alte zum Rhythmus der Trommel. Wie von selbst beginne ich,
mit dem Oberkörper vor- und zurückzuwippen.

Wir verbringen die Zeit mit Schwitzen, Reden und Beten. Es
geht um eine äußere und innere Reinigung und die Wiederver-
einigung mit dem Großen Geist. Ich interpretiere den Ritus so,
dass er symbolisiert, dass der Mensch damit neu geboren wird
und sich auf das Wesentliche besinnt. Das Schwitzzelt mit seiner Kuppel soll dem Bauch einer schwangeren Frau, die auf der
Erde liegt, gleichen.

Die Alte erklärt, dass wir geistig in den Bauch unserer Mutter und den von Mutter Erde zurückgekehrt sind. Wir erleben
durch die rituell aufgerufenen Energien eine Reinigung, Erneuerung und Neuschöpfung unserer Lebensenergie.

Zwischen den Zeremonie-Runden und den Aufgüssen darf
ich die Schwitzhütte nicht verlassen. Die Alte holt immer neue,
heiße Steine ins Zelt und bringt Tee, Wasser und Aufguss mit.
Ich trinke den Schamanencocktail und lasse mich mit Wasser
bespritzen. Dafür benutzt die Ritenmeisterin ein Kräuterbü-
schel, das sie in den Topf taucht.

Stundenlang schwitze ich im Halbdunkeln, mit Kräuter-
dampf in Nase und Augen. Gedanken und Erinnerungen schwir-

ren durch meinen Kopf, von denen ich nicht sagen kann, was sie wollen und woher sie kommen.

Ratio bringt mich hier nicht weiter. So viel habe ich schon kapiert. Etwa, wenn ich versuche zu verstehen, warum die Zeremonienmeisterin diesen Singsang macht, oder ich plötzlich glaube, ein Gewitter zu hören.

Ich beginne die Existenz „anderer Wirklichkeiten" zuzulassen und sehe wirre Dinge. Ich sehe einen Wolf. Kurze Zeit später renne ich mit einem Wolfsrudel über eine Wiese. Das ist so real und fühlt sich an, als würde es tatsächlich passieren.

Wölfe, Falken und andere Geisterwesen tauchen auf und verschwinden wieder.

* * *

„Alles in der Welt ist durch Netzwerke und Symbiosen miteinander verbunden."

KAPITEL 5

Der Schutzgeist

Vor mir kreisen bunte Spiralen. Ohne Anfang, ohne Ende, ohne Sinn und ohne Ziel.

Mich umschwirren Arbeitskollegen in perfekt sitzenden, dunklen Nadelstreifenanzügen wie Mücken, die sich darauf freuen gleich stechen zu können, um sich von meinem Blut zu ernähren. Einer nach dem anderen rast auf mich zu, die breit grinsenden Gesichter verzerrt wie Karikaturen. Sie werfen Sand aus einer überdimensionierten Sanduhr nach mir, der auf meiner Haut sticht wie tausend Nadeln. Meine Frau und die Kinder huschen vorbei, weinend. Sie versuchen, den Sand aufzusammeln, aber es gelingt ihnen nicht. Ich spüre Verzweiflung, Angst und Trauer.

Ich renne mit den Wölfen. Wir rennen auf einen Berg zu. Der Berg verformt sich zu einem Gesicht – ihrem Gesicht. Der Berg wird zu der Alten, die meine Familie umarmt. Meine Angst weicht einem Moment der Behaglichkeit.

Dann fliegt wieder Sand, die Stiche auf der Haut. Höhnisches Lachen schallt aus den Fratzen meiner Kollegen. Das Wolfsrudel und ich bilden einen Halbkreis. Wir greifen die Sandschmeißer an, vertreiben sie und setzen ihnen nach.

Meine Familie und die Alte verblassen wieder zum Berg. Das Rudel hält inne, während ich weiter die irren Geister jage. Ich bin auf der Jagd. Allein.

Ein Schrei bringt mich zurück ins Schwitzzelt. Das Trommeln hat aufgehört. War das mein eigener Schrei? Habe ich halluziniert?

Die Alte öffnet das Zelt. Sie nimmt mich an der Hand, wir gehen zum Fluss. Ohne zu zögern, wate ich ins Wasser und tauche in die eiskalten Fluten. Es fühlt sich an, als würde mein Geist einen Purzelbaum schlagen. Jetzt sehe ich wieder klar. Ich fühle mich lebendig. Wir sitzen schweigend am Feuer vor dem Schwitz-zelt. Inzwischen ist die Nacht hereingebrochen.

Während eines Sonnenuntergangs in Farben, die ich in der Natur noch nie und vor allem nicht so klar gesehen habe, erzähle ich der Alten von meinen Visionen. Sie hört aufmerksam zu, nickt, schweigt.

Obwohl ich seit dem Frühstück nichts gegessen habe, bin ich nicht hungrig. Das Prasseln des Feuers, das Rascheln der Bäume im Wind, das Rauschen des Flusses und der Ruf von Kojoten, Eulen und Krähen beherrschen die Szenerie. In den tanzenden Flammen vor mir sehe ich immer wieder meine Visionen aus der Zeremonie.

Wer bin ich?
Warum bin ich hier?
Was erwarte ich mir von all dem hier und von meinem Leben?
Gibt es doch eine göttliche oder spirituelle Kraft im Universum?

Meinen Körper und meinen Geist habe ich heute auf eine neue Art und Weise erleben dürfen, die es mir zumindest gestattet, an eine spirituelle Kraft zu glauben.

Nach einiger Zeit breche ich das Schweigen. Ich frage sie nach den Wölfen.

„Jeder Mensch hat mindestens einen Schutzgeist oder ein Krafttier, das mit seiner Seele kommunizieren kann. Er ist dein Ratgeber, Beschützer und Wegbegleiter", erklärt die Alte. „Der Wolf ist ein heiliges und spirituelles Tier, als Freund und Lehrer an deiner Seite. Er nutzt die Macht von Großmutter Mond und fühlt den Puls von Mutter Erde. Wenn der Wolf erscheint, weist er auf Freiheit hin. Er warnt vor selbstsüchtigen Beziehungen und verleiht Stärke für Auseinandersetzungen, ohne die eigenen Visionen zu verleugnen.

Der Geist des Wolfs verfeinert deine Sinne. In ihm erkennst du deinen inneren Lehrer. Bruder Wolf ist ein geschickter Jäger. Es ist überliefert, dass wir in den alten Zeiten dem Wolf im Sozial- und Jagdverhalten nacheiferten. Bei den Pawnee-Indianern bedeutet dasselbe Wort *cki'rihkaapirat* gleichermaßen Wolf und Mensch."

Die Alte kramt ein hölzernes Amulett aus ihrer Tasche hervor: der Kopf eines Wolfs vor einem Nadelwald. Über den Felsen ergießt sich ein Wasserfall. An diesem runden Anhänger, tischtennisballgroß etwa, ist ein Lederriemen befestigt.

„Mein Enkel hat das geschnitzt", erklärt sie stolz. „Er hat es für dich gemacht, als ich sagte, du würdest kommen."

„Woher wusste er, dass mir ein Wolf erscheinen würde?", frage ich skeptisch. „Er wusste es nicht. Der Große Geist wusste es", sagt sie bestimmt. Spielraum für Zweifel lässt sie nicht.

Nach ein paar Minuten des Schweigens sagt sie: „Gehen wir. Es ist schon spät." Wir löschen das Feuer, packen unsere Sachen zusammen und machen uns auf den Heimweg.

Nach dem Essen sitze ich vor der Hütte und starre auf mein Tagebuch. Die Eindrücke des Tages waren so vielfältig und verwirrend, dass ich nicht weiß, was ich aufschreiben soll.

Die Alte bringt mir einen Tee und fragt, was mich beschäftigt. „Glaubst du wirklich, dass alles miteinander verbunden ist?", frage ich.

„Ja. Ich bin mir sicher. Ich erlebe und spüre es jeden Tag. Du musst es zulassen, und du musst deinen Geist dafür öffnen. Sieh mal", sagt sie und deutet auf mein Tagebuch.

„Was siehst du?"

„Ein weißes Blatt Papier", antworte ich. „Ja, das ist wohl die naheliegendste Antwort. Manche sehen darin auch Reinheit, Frieden oder eine Chance, ein Buch zu schreiben. Ich sehe die ganze Welt – das Große Ganze", erklärt sie mir.

„Was meinst du damit?"

„Das Blatt Papier stammt von einem Baum. Bäume brauchen Luft, Erde, Wasser und Sonnenlicht, um zu wachsen. Fleiß und Geschick von Handwerkern sind nötig, damit aus dem Baum Papier und daraus dein schönes Buch werden kann. Die Handwerker wiederum sind auf Lebensmittel angewiesen, die Bauern aus dem Boden und der Natur gewinnen oder die ihnen die Tiere schenken", sagt sie und deutet auf das Blatt vor mir. „Das ist nicht nur ein leeres Blatt Papier. Ich sehe eine kleine Reise durch die Geschichte allen Lebens. Das erklärt für mich die Verbundenheit aller Dinge." Das alte Gesicht lächelt mich an, während ich das Buch bewundernd betrachte.

Meine Finger streichen über das Papier, liebevoll fast. In der Ferne höre ich einen Wolf heulen und blicke nach oben. Zigtausende Sterne funkeln über mir. Zum wiederholten Mal am heutigen Tage spüre ich Gänsehaut, ein wohliges Kribbeln von Kopf bis Fuß. Die Alte wünscht mir eine gute Nacht, verabschiedet sich und geht zurück in ihre Hütte.

„Es hängt alles zusammen", flüstere ich und beginne zu schreiben.

* * *

„*Ein Mensch, der etwas anderes oder
jemand anderes sein möchte als die Person,
die er seinem Körper und Geiste nach von Natur aus sein soll,
kann nicht glücklich und zufrieden sein.*"

Aristoteles
aus seinem Werk „Nikomachische Ethik"

KAPITEL 6

Es beginnt

Die Tage nach der Zeremonie sind geprägt von intensiven Gesprächen, körperlicher Arbeit, Ritualen und Geschichten – meine und die der Alten. Ich trage den Wolf jetzt um meinen Hals, und ich merke, wie ich immer wieder danach taste, vor allem, wenn ich von Gedanken oder Gefühlen überwältigt werde oder wenn es mir schwerfällt, über etwas zu sprechen. Die Alte nennt mich jetzt cki'rihkaapirat uhuururahwi' – was in etwa bedeutet: Wolf, der fliegen kann. Nachdem ich mehrfach daran gescheitert bin, diesen Namen auszusprechen, haben wir uns darauf verständigt, dass sie mich „Fliegender Wolf" nennt.

Meine Gastgeberin heißt Wakanhca. Offensichtlich steckt mehr hinter der Namensgebung ihres Volkes. Ich will von ihr wissen, ob ihr Name auch eine Bedeutung hat. Sie übersetzt ihn mit: „Die Denkerin". Das passt gut, denke ich für mich.

„Eine andere Übersetzung lautet ‚eine wahre Seherin'", erklärt sie lächelnd, fast schelmisch. „Ja, das passt ganz gut zu dir", sage ich diesmal laut.

Wir hatten eine Diskussion über den Großen Geist. Sie erklärte mir, dass nach ihrer Auffassung alles, egal ob Stein, Fluss oder Wind, als „lebendig" angesehen wird. Alles und jeder verdient Respekt und muss geehrt werden. Seit Beginn der Welt ist alles da, seit Anbeginn gibt es gleich viel und alles ist in Balance. Klar, in unterschiedlicher Form, aber es ist immer da und immer dieselbe Anzahl an Elementen. Das bedeutet im Umkehrschluss, dass nichts verloren geht und alles in allem ist.

Außerdem glaubt sie daran, dass alles auf der Welt in zwei Teile zerlegt wurde, die nur gemeinsam ein Ganzes in Balance ergeben. Eine feminine und eine maskuline Kraft. Am Beispiel der Welt entsprechen die beiden Hälften dem Himmel und der Erde. Das sind die beiden Kraftzentren unserer Welt.

Der irdische Körper und der spirituelle Geist der Menschen bilden ebenfalls ein Ganzes und müssen im Einklang zueinander stehen. „Ein Mensch muss im Einklang mit der Natur, aber vor allem im Einklang mit seinem spirituellen Ich sein", erklärt mir Wakanhca. „Hinter dieser Haltung steckt eine wichtige Botschaft: Ein Mensch, der etwas anderes oder jemand anderes sein möchte als die Person, die er seinem Körper und Geiste nach von Natur aus sein soll, kann nur temporär glücklich sein, nicht dauerhaft zufrieden."

Dient mein Leben einem übergeordneten Zweck, oder ist meine Existenz eine Laune des Universums?

Im Einklang mit der Natur bin ich schon seit vielen Jahren nicht mehr. In der modernen Wohlstandsgesellschaft geht mir der Bezug zur Umwelt, den Elementen und der Nahrung schon lange verloren. Ich konsumiere, ohne zu hinterfragen und um den eigenen Wohlstand zu sichern.

Wenn alles grundsätzlich in Balance ist, dann muss durch meinen Lebensstil an anderer Stelle ein großer Mangel entstanden sein, für den ich ja dann wohl verantwortlich bin. Darüber nachzudenken, macht weder Spaß noch hilft es mir, meine Laune zu verbessern. Die Betroffenheit der Erkenntnis trübt meine Stimmung.

Wakanhca merkt das. Sie lädt mich erneut zu einer Zeremonie ein. Wir machen uns auf den Weg zum Fluss. Zum zweiten Male ist dieses herrliche Fleckchen Erde der Ort, an dem die Zeremonie stattfindet. Hinter dem Wald am Fluss mit dem wunderbaren Blick auf die Berge.

Zuletzt haben wir gestern Abend gegessen. Mein Hunger ist entsprechend groß, meine Laune mies. Wir sammeln Feuerholz, holen Wasser am Fluss und richten uns ein Lager für die Nacht. Es scheint so, als würden wir heute hier im Schwitzzelt übernachten. Wir machen ein Feuer und setzen uns um die fröhlich züngelnden Flammen.

Während Wakanhca irgendeinen Singsang in ihrer Muttersprache summt, bemalt sie meine Arme und mein Gesicht mit

Farben aus einer Ledertasche. Was die Symbole zu bedeuten haben, weiß ich nicht, und ich frage auch nicht nach. Es geschieht einfach. Ihre rauen Finger fühlen sich seltsam vertraut an auf meiner Haut.

Nachdem sie mit der Bemalung fertig ist, nimmt sie ein glühendes Holzscheit aus dem Feuer und fügt ein Kräuterbündel hinzu. Es sieht aus wie ein vertrockneter Blumenstrauß und beginnt zu qualmen. Den Rauch fächert sie mir zu und spricht ein Gebet.

> *„Möge die Sonne dir neue Energie am Tag geben.*
> *Möge Großmutter Mond dir Erholung in der Nacht geben.*
> *Möge der Regen deine Sorgen hinfortwaschen.*
> *Möge der Wind neue Kraft in dein Dasein blasen.*
> *Mögest du süß wandeln auf Mutter Erde und kennenlernen all ihre Schönheit. An jedem Tag deines Lebens."*

Ich habe mich in den letzten Tagen entschieden, mich auf die Wette einzulassen, die Wakanhca vor dem Schwitzritus angeboten hat. Ich gestehe mir ein, dass es einen Gott oder einen Großen Geist gibt.

Tatsächlich ausschlaggebend dafür war ein Gespräch bei einem unserer Ausflüge. Wir standen auf einer Anhöhe, die vor uns schroff in turmartigen Gebilden steil abfiel, sogenannte Hoodoos. Von dort oben hatten wir einen atemberaubenden Blick über ein weites Tal. Die mächtigen Berge rechts und links rahmten einen S-förmigen, türkis schimmernden See ein, von dessen Ufern sich ein unendlich scheinender Wald bis zur Baumgrenze hin erstreckte.

„Glaubst du wirklich, all das ist Zufall und folgt keinem höheren Ziel?", fragte Wakanhca.

„Der Große Geist ist etwas Unendliches, Großes und Vollkommenes, also etwas, das nicht größer gedacht werden kann. Wenn etwas alle Eigenschaften der Großartigkeit besitzt, dann gehört zu diesen Eigenschaften auch das Existieren. Ohne Existenz würde eine wichtige Eigenschaft fehlen, nämlich die des

Seins. Also existiert der Große Geist. Kannst du mir folgen?",
fragte Wakanhca und starrte in die Ferne.

Ich nickte und brummte ein verlegenes Ja. So richtig verstanden habe ich das erst Tage später.

Jetzt sitze ich hier am Feuer und meine Gedanken sind bei den Ausführungen meiner Lehrerin. Ihre Argumente sind bei genauerer Betrachtung logisch. Göttlich sein ohne das Sein selbst ergibt keinen Sinn. Die Rauchschwaden formen sich zu einem Wolf, werden zu einem Falken und verschwinden wieder, um sich erneut zu Formen von Tieren und Gesichtern zu verändern.

An eine spirituelle Existenz zu glauben und dies als gegeben anzunehmen ist mir – vor allem in dieser unberührten Herrlichkeit der Natur – recht leichtgefallen. Mit den Folgen habe ich noch zu kämpfen.

Wenn es eine höhere Macht gibt, die für die Balance sorgt, bedeutet das für mich nämlich zweierlei: Zum einen, dass ich akzeptiere, dass alles einem ganzheitlichen Zweck folgt und alles mit allem verbunden ist. Zum anderen, dass unser Handeln nicht ohne Konsequenzen bleibt.

Ich rede in erster Linie nicht vom Fegefeuer, sondern den unmittelbaren irdischen Pärchen. Gut und Böse, viel und wenig, reich und arm und so weiter. Wenn es mir übermäßig gut geht, dann ist da draußen jemand, der an einem Mangel leidet. Dieser Jemand kann ein Mensch, ein Tier oder die Umwelt sein. Je mehr ich mich dazu mit Wakanhca austausche, umso mehr erkenne ich die Zusammenhänge.

„Wir alle sind das Ergebnis unserer Entscheidungen", hat mir Wakanhca erklärt. „Die Entscheidungen für oder gegen ein Leben im Einklang mit dem Großen Ganzen und für oder gegen ein selbstbestimmtes Leben sind wohl die wichtigsten im Leben eines Menschen. Das sind aber sicher auch die schwierigsten Entscheidungen, denn es erfordert Verantwortung gegenüber sich, allen Geschöpfen und der Natur."

Da bin ich völlig bei meiner Mentorin. Verantwortung zu übernehmen ist deutlich schwieriger als diese nur zu haben. Meine Gedanken sind unweigerlich wieder bei den vielen Sitzungen, in denen die persönlichen Eitelkeiten der Entscheider im Vordergrund standen. Beschlüsse wurden verschoben oder vertagt, nicht weil Informationen gefehlt haben, sondern weil die Angst regierte, Fehler zu machen.

Nach einer kurzen Phase der Stille und des Nachdenkens fährt Wakanhca fort: „Wir wollen alle gerne mehr persönliche Freiheit, aber am besten ohne die Gefahr, verantwortlich gemacht zu werden. Wirklich Verantwortung zu übernehmen, bedeutet aber immer auch, Fehler einzusehen und nach Lösungen zu suchen. Verantwortung zu übernehmen beschränkt sich nicht nur auf Entscheidungen und Erfolge. Wer Freiheiten hat, wird bei Fehlern und Rückschlägen zur Rechenschaft gezogen. Der Umgang mit negativen Konsequenzen ist somit ein mindestens ebenso wichtiger Teil der Verantwortlichkeit."

„Richtig", erwidere ich. „Das Problem ist jedoch, dass die Konsequenzen nicht oder nur selten sichtbar sind – und oft sind sie nicht direkt auf den Verursacher zurückzuführen. So kann sich jeder hinter dem Kollektiv verstecken. Dann fällt es uns nicht schwer, die Verantwortung von uns zu weisen oder gar wegzusehen. Dann wird das persönliche Interesse in Bezug auf die Bequemlichkeit, den eigenen Geldbeutel und Luxus über die Konsequenzen für alle Kreaturen oder die Natur gestellt", sage ich mehr zu mir selbst als zu meiner Gesprächspartnerin.

Mein Wunsch, dass Wakanhca etwas sagt, geht leider nicht in Erfüllung. Das Gesagte verursacht mir Unwohlsein, und ihr Schweigen wird von Sekunde zu Sekunde unangenehmer. Vermutlich hat der Name Wakanhca noch eine weitere Bedeutung: Frau, die genau weiß, wann sie schweigen sollte.

Ich widerstehe dem fast schmerzhaften Drang, etwas sagen zu müssen, und verharre in meinen Gedanken. Ernsthafte Gespräche führen, sich selbst reflektieren, zuhören, in Stille verharren und nachdenken sind Disziplinen, die ich vermutlich viel zu lange vernachlässigt habe. Vor kurzem habe ich mal wieder meine staubige Gitarre in die Hand genommen. Ich hatte mal gut spielen können, aber nach mehr als zehn Jahren ohne Übung war das Ergebnis eher eine akustische Körperverletzung denn

harmonische Gitarrenklänge. Obwohl ich das hätte ahnen können, war ich dennoch enttäuscht. So ähnlich fühlt sich das gerade an, da ich meine kognitiven Fähigkeiten wiederentdecke.

Wie sagte Wakanhca eben: Wir müssen Verantwortung gegenüber uns selbst, den Geschöpfen und der Natur übernehmen? Ich starre ins Feuer.

Wakanhca reicht mir einen Becher mit einem süßlichen Trunk.
Meine Kehle ist trocken vom beißenden Rauch und dem Duft der
Kräuter. Wir sitzen schweigend nebeneinander. Ich kann nicht
sagen, wie lange es gedauert hat, bis ich einen leichten Schwin-
del fühle, als wäre ich angetrunken. Meine Gedanken sind mehr
wirr als klar. Ich fühle mich schwer und benebelt. Lichter blitzen
vor meinen Augen oder in meinem Kopf. Es ist mir nicht mehr
möglich, Fiktion von der Realität zu unterscheiden. Ein großer
Wolf starrt mich an, wendet sich ab und trabt davon. Er blickt
sich um, als warte er auf mich. Ich renne hinterher. Schneller,
immer schneller, bis wir beide abheben und fliegen.

Vor mir erscheinen Bilder von Plastikmüll im Meer, verhun-
gernde und verdurstende Kinder, schmelzende Gletscher, ver-
giftete Lebensmittel, Haie mit abgeschnittenen Flossen. Alles
Bilder, die ich in den Nachrichten und sozialen Medien oft gesehen und stets verdrängt habe. Jetzt treffen sie mich wie eine
Keule. Mir ist übel, alles dreht sich. Die Bilder tanzen über dem
Feuer in meinem Kopf. Real oder Fiktion? Ich kann es nicht
mehr unterscheiden.

Ich sehe mich auf einer Plastikflasche über das Meer reiten.
Neben mir schwimmen Haie ohne Flossen, die von Thunfischen
mit irren Augen in Blechdosen gezogen werden. Ein Kreuzfahrt-
schiff überholt uns. Auf dem Schiff feiern tausende Menschen
hemmungslos. Immer wieder fallen Kinder von Bord, aber keinen scheint es zu interessieren. Das Schiff hat einen Eisberg im
Schlepptau, auf dem Snowboarder fahren.

Mein Ritt auf der Plastikflasche endet, als ich gegen ein Fass
mit radioaktivem Giftmüll krache. Die Übelkeit nimmt weiter
zu. Ich höre einen Schrei und weiß nicht, ob es mein eigener war
oder der einer meiner Horrorvisionen. Dann wird alles schwarz.

Aus der Dunkelheit erscheint mir wieder der Wolf. Er fliegt auf mich zu und fletscht die Zähne. Er kommt näher und näher.

„Fliegender Wolf, Fliegender Wolf!" Ich sehe das freundliche Gesicht von Wakanhca. „Es tut mir leid", sage ich mehr zu mir als zu ihr. „Es tut mir wirklich so leid." Sie sieht mich gütig an und nimmt mich in den Arm. Ich kann meine Tränen nicht mehr zurückhalten.

Wakanhca wiegt mich in ihren Armen und murmelt unverständliche Worte in einem rhythmischen Singsang. Mir ist schwindelig und ich habe Angst. Gleichzeitig fühle ich mich geborgen. Ich weine mich in den Schlaf, beinahe erdrückt von einer tonnenschweren Last: meiner Schuld am Schmerz von Mutter Erde.

* * *

„Es ist nutzlos,
sich Vorwürfe zu machen oder in Selbstmitleid zu versinken,
denn dadurch wird das Problem nicht gelöst.
Gedankenprobleme existieren in der Realität meist nicht
oder sind nicht so groß, wie sie erscheinen.“

KAPITEL 7

Aus dem Gleichgewicht

Wie lange ich geschlafen habe, kann ich nicht sagen. Es war ein tiefer, ruhiger Schlaf.

In meiner Kindheit habe ich oft geträumt, ich könne fliegen. Das war stets so real. Ich bin einfach losgeflogen. Über Felder, Wiesen, Wälder und Berge. Diesen Traum hatte ich regelmäßig, stets ein herrlicher Ausflug im Schlaf, der nie mit einem schlechten Gefühl oder einem Absturz endete.

Dieses Traumerlebnis hat sich für mich so echt angefühlt, dass ich als Kind auf Bergen, Hausdächern oder Aussichtsplattformen den Drang zu springen unterdrücken musste. Zum Glück war mein Lebenserhaltungstrieb stärker als das unterbewusste Gefühl, ich könne tatsächlich fliegen.

Heute hatte ich diesen Traum nach über 35 Jahren wieder. Ich erzähle Wakanhca davon und von meiner wirren Vision während der Zeremonie. „Das ist gut", sagt sie fröhlich. „Häufig hat ein Krieger zwei Schutzgeister. Bei dir sind es der Wolf und der Falke. Die beiden begleiten dich schon dein Leben lang."

„Was hat es mit dem Falken auf sich?", möchte ich wissen. „Nun, es ist kein Zufall, dass sich dir der Falke zeigt. Du hast lange auf das gehört, was andere dir gesagt haben. Du hast aus Rücksicht auf andere oft zurückgesteckt, musstest Erwartungen erfüllen, anstatt deine eigenen Pläne zu verwirklichen. Jetzt beginnst du, dein Leben selbst in die Hand zu nehmen. Der Falke ist der König der Lüfte. Ihn zeichnen seine Schnelligkeit und seine Zielstrebigkeit aus sowie sein Überblick über die Dinge. Er fordert dich auf, dich von allen Abhängigkeiten zu befreien und Verantwortung zu übernehmen – für dich und für dein Handeln! Der Falke ermutigt dich, nicht länger zu warten, sondern für dich und deine Ziele zu kämpfen."

„Auf wen soll ich denn hören? Den Wolf oder den Falken?"

„Dein Schutzgeist ist ganz klar der Wolf. Er leitet dich. Der Falke hilft dem Wolf, den Blickwinkel zu vergrößern. Er unterstützt dich und wacht über dich. Er hilft dir, Wichtiges von Unwichtigem zu trennen. Das Fliegen in deinem Traum bedeutet, dass du jetzt vor einer Entscheidung stehst. Es ist eine Aufforderung, all deine Beschränkungen und Zwänge zurückzulassen und die Welt sowie dein Leben aus einer anderen Perspektive zu betrachten."

Ich ertappe mich, wie ich mit den Fingern mein Amulett berühre, und frage mich, ob ich schon so weit bin. Wofür denn eigentlich? Bin ich etwas anderes oder jemand anderes? Kann ich die Person sein, die mir meine spirituellen Begleiter die letzten Tage gezeigt haben?

„Warum bist du hier, Fliegender Wolf?", höre ich Wakanhca sagen. Dass sie keine Antwort von mir will, sehe ihr an. Sie möchte, dass ich in meinem Inneren nach der Antwort suche, und erst, wenn ich sie spüre und es für richtig halte, versuche, sie in Worte zu fassen.

Nach einer Zeit der Stille und Besinnung bricht Wakanhca das Schweigen. „Der Weg zu dir führt über das Große Ganze. Wenn du verstehst, dass alles verbunden ist und dass du dafür eine wichtige Rolle spielst, dann wirst du einfacher zu Antworten finden. Du kannst von der Kraft der Verbundenheit profitieren. Dafür musst du die Natur erleben. Gib deinem Verstand Zeit, sich zu erholen, und konzentriere dich vollkommen auf deine Sinne: Betrachte Details der Bäume und Pflanzen, spüre den Duft der Blüten und Pollen in deiner Nase, fühle das warme Licht der Sonne auf deiner Haut. Berühre Steine und Holz. Schau nachts zum Himmel und den Sternen hinauf. Du vermagst zwar nicht sofort zu begreifen, wie das alles zusammenhängt. Aber das Wissen, dass es das tut, darf dich immer wieder aufs Neue verzaubern."

Wir machen uns auf den Weg in den Wald. Meine Lehrerin zeigt mir die Natur aus einer für mich neuen Perspektive. Wir legen uns auf den Boden und sehen in die Baumwipfel, streicheln

Moos, gehen barfuß über Fichtennadeln, riechen an Pflanzen und schmecken Beeren und Nüsse. Ich fühle mich wie ein Kind. Ja, sogar ein bisschen albern, weil wir so fröhlich und ausgelassen durch die Gegend streifen.

Ich kann mich nicht erinnern, wann ich zum letzten Mal so intensiv gelebt habe. Meine Wahrnehmungen sind geprägt von meinem Arbeitsplatz. Muffige Büroräume, die nach billigem Kaffee, zu viel Parfüm und abgestandener Luft riechen. Auf der Arbeit hat der Verstand die Oberhand, und die Sinne werden in eine Art Energiesparmodus versetzt. Bedenkt man, dass sich der menschliche Körper in den vergangenen 15.000 Jahren kaum verändert hat, dann liegt nahe, dass die Büro-Haltung nicht artgerecht sein kann. Die Evolution von Körper und Geist kommt der sich exponentiell entwickelnden Technologie und den Informationsreizen nur schwer hinterher. Und sitzend auf Bildschirme starren war sicher nicht von Beginn an eingeplant, als unsere Körper sich zu denen entwickelten, die sie immer noch sind.

Auf dem Rückweg überlässt mich Wakanhca meinen Emotionen und Gedanken. Obwohl ich gestehen muss, dass ich weniger denke als genieße. Seit Stunden gehe ich ohne Schuhe, beobachte, berühre und lächle.

Zurück bei den Hütten bereiten wir uns ein Abendessen zu. Danach sitzen wir am Lagerfeuer vor dem Haus. Im Schein der Flammen wirkt Wakanhca müde und traurig. „Danke für den wundervollen Tag", sage ich und möchte wissen, weshalb sie so traurig ist.

„Ich bin nicht traurig. Ich bin dankbar, nachdenklich und vielleicht ein wenig besorgt", erklärt mir Wakanhca. „Eine der ersten Formen, die das Leben schuf, war der Kreis. Alles, was dann kam, wurde in den Kreis gestellt. Deshalb bewegt sich alles in einem Kreis. Die Sonne, der Mond, die Erde, das Leben an sich. Alles folgt einem Kreislauf. Das erzeugt einen Rhythmus. Der kosmische Rhythmus.

Der Große Geist lehrte die Tiere, ihrem Bruder, dem Menschen, zu dienen. Anders hätte der Mensch nicht überlebt.

Die Tierwesen sagten ja: ‚Wir wollen mit den Menschen leben und sie lieben. Wir geben ihnen unser Fleisch, das Fell und die Knochen, damit sie überleben können.‘ Wir stehen also in der Schuld bei den Tierwesen. Alles war im Gleichgewicht, bis der Mensch begonnen hat, den Profit über das Große Ganze zu stellen. Und heute vergrößern wir unsere Schuld, indem wir rücksichtslos die Lebensgrundlage der Tierwesen zerstören, sie ausbeuten oder quälen. Wir vergessen den Kreis. Das fällt alles auf uns zurück. Das Leiden und der Schmerz der Tiere gehen genauso in uns über wie die Gifte und das Plastik, mit dem wir die Umwelt verseuchen. Und warum? Geld und Macht.“

Zum ersten Mal wirkt Wakanhca auf mich wirklich alt. Ich sehe, dass ihre Augen wässrig sind. Mit einem Stock stochert sie im Feuer herum. Funken tanzen in den Nachthimmel. Obwohl sie mich nicht direkt angesprochen hat, fühle ich mich angeklagt und schuldig. Ein beklemmendes Gefühl kriecht meinen Rücken hinauf und schnürt mir den Brustkorb zu.

„Was passiert mit den Menschen, wenn das Gleichgewicht weiter so zerstört wird?“, fragt sie mich.

„Ich weiß es nicht. Es gibt viele Fragen, auf die ich keine Antwort kenne“, antworte ich mit dünner Stimme. Wakanhca scheint zu merken, dass ich mich traurig und angegriffen fühle.

Die Stille erdrückt mich fast. Ich bin froh, dass Wakanhca das Schweigen beendet. „Es ist in Ordnung, mein Junge. Es ist eine Zeit des Neubewertens. Vielleicht ist es Vergeudung, vielleicht ist es eine Chance oder ein Neuanfang. Auf jeden Fall ist es eine Entscheidung, die getroffen werden will. Ein Freund von mir, Großer Wolf Chi-Ma'iingan von der Red Lake Nation, hat mir ein Lied beigebracht, das sein Stamm den Kindern vorsingt, um ihnen so das Wunder des Großen Geistes zu erklären. Er sagt, dieses Lied hat ihn der Wind gelehrt.“

Wakanhca beginnt zu singen. Es hört sich für mich wie eine Mischung aus Singsang und Heyah an. Es gefällt mir sehr gut und ich summe die Melodie mit. „Das ist ein schönes Lied“, sage ich, nachdem sie geendet hat. „Was bedeutet es?“

„Ich bin alles und jeder. In allem steckt alles. Das Gan-
ze sind jene, die je gelebt haben, und jene, die bereits
gestorben sind. Ich bin die Stimme der Erde, die Hoff-
nung, das Gebet, die Chance, die Verbundenheit. Ich
bin die, die gelitten haben, als Mensch und Tier. Jede
verwundete Seele, die schon mal gewesen ist.
Ich bin alle, die Frieden hatten, alle, die gefangen wa-
ren, alle, die geliebt haben, und alle, die kämpfen muss-
ten. Ich bin mit allem verbunden, ich bin jeder und al-
les. Ich bin, was war, was ist und was sein wird. Ja, ich
bin auch du. Ich bin alles und alles ist eins."

Wakanhca steht auf, nickt mir zu und geht summend in Richtung ihres Nachtlagers. Sie dreht sich zu mir um und sagt: „Wir
müssen das Große Ganze ehren und bewahren, Fliegender Wolf.
Gute Nacht, mein Junge." Sie verschwindet in ihrer Hütte.

Ich sitze noch ein paar Minuten am Feuer, ehe ich es lösche
und zu meiner Hütte gehe. Noch nie habe ich so viel über mein
Leben an sich und das Leben im Allgemeinen nachgedacht wie
in diesen Tagen mit dieser wunderbaren Frau in dieser herrlichen Umgebung. Wir müssen das Leben und die Natur ehren,
nicht nur konsumieren, sondern mit Verantwortung bewahren.

Ein neuer Eintrag für mein Tagebuch.

* * *

„Wir haben zwei Leben und das zweite beginnt,
wenn du erkennst, dass du nur eins hast.
Du musst eine Entscheidung treffen,
inwiefern sich die Zukunft von
der Vergangenheit unterscheiden soll.“

André Gide,
französischer Schriftsteller und Philosoph

KAPITEL 8

Mein Geist ist in Eile

Die Nacht war kalt und kurz. Die letzten Tage im Allgemeinen und das gestrige Gespräch im Besonderen haben einen bleibenden Eindruck bei mir hinterlassen. Mir ist klar geworden, dass ich bisher eher funktioniert als gelebt habe. Einmal in das Gedankenkarussell um den Sinn des Lebens und der Wahrheit des Großen Ganzen eingestiegen, ist an Schlaf nicht mehr zu denken. Auf geht die wilde Fahrt der schonungslosen Analyse meines Seins. Vorwärts und rückwärts und dennoch im Kreis. Offensichtlich ist unser Verstand nicht auf eine ganzheitliche Wahrheit, sondern auf die kleinen Dinge im Leben ausgerichtet. Mich mit meinem Sein zu befassen, fällt mir ähnlich schwer wie den Begriff der Unendlichkeit zu verstehen oder zu erklären.

Erstaunlich, sind es doch gerade meine Lösungskompetenz und die Begabung, in Bildern sprechen zu können, die viele Kollegen und Kunden an mir schätzen. Im Dialog mit mir selbst stoße ich an meine Grenzen.

Ich gestehe mir ein, dass es mir bisher nicht um die Frage nach dem Sinn im Leben oder dem Großen Ganzen ging, sondern vielmehr um das Überleben und Vorankommen. Mit Überleben im heutigen Sinne ist kein Kampf um Leben und Tod gemeint, sondern um das Erfüllen von Normen, Regeln und Erwartungen. Der Alltag liefert uns genügend Themen, mit denen wir uns beschäftigen können. Die Medien und die Konsumgesellschaft finden Wege, um uns von der Suche nach uns selbst abzulenken. Und ich habe das bisher dankbar angenommen. Es ist bequemer, passiv auf Reize zu reagieren, als sich selbstbestimmt um sein Leben zu kümmern.

Ich habe bisher nie nach mir gesucht – wie sollte es demnach sein, dass ich mich finde?

Jetzt, da ich mir die Zeit nehme und mein Leben reflektiere, merke ich, wie schwer es ist, auf diesem Karussell in meinem Kopf mitzufahren. Wie das Große Ganze „an sich" ist, kann ich nur ergründen, wenn ich verstehe, was mein Denken anleitet. Denn alles, was ich über die Welt weiß, weiß ich durch das Denken in meinem Kopf. Die entsprechenden Denkmuster sind anerzogen oder erlernt. Offensichtlich hat die Isolation hier in der Wildnis entscheidend dazu beigetragen, dass der Prozess des „neu Denkens" beginnen konnte. Hinzu kommt, dass Wakanhca mir eine andere Perspektive auf das Leben gestattet, die ich so nicht für möglich gehalten habe.

Woher weiß ich, wer ich bin? Allein durch mein Denken? Das würde bedeuten, dass Geist und Körper getrennt sind und isoliert voneinander agieren. Nach den Erfahrungen der letzten Tage führen auch körperliche Reize und Bedürfnisse zu verändertem Denken und Handeln.

Körper und Geist lassen sich demnach ebenso wenig trennen wie das Individuum aus der Gesamtheit des Lebens. Aber was bedeutet das nun für mich und mein Dasein? Mit welchen Konsequenzen muss ich lernen umzugehen? Wie denke ich mein Leben neu?

Ohne Antworten auf diese Fragen und dennoch dankbar für die bis dahin gewonnenen Erkenntnisse bin ich spät in der Nacht eingeschlafen.

Bevor ich mein Quartier verlasse, mache ich mir Notizen in meinem Tagebuch.

Ich gehe hinüber zu Wakanhca und erzähle ihr von meinen Gedanken. Sie hört mir aufmerksam zu und gibt mir das Gefühl, auf dem richtigen Weg zu sein.

Nach dem Frühstück fordert Wakanhca mich auf, meine Sachen zu packen, da wir ein paar Tage nicht hier bei der Hütte verbringen werden. Sie tut geheimnisvoll. Wohin wir gehen, sagt sie nicht. Ich habe allerdings auch nicht gefragt.

Nach anstrengenden Tagen freue ich mich auf ein Abenteuer, auf eine Ablenkung von den Visionen, Träumen und der ständigen Grübelei.

Das Notwendigste im Rucksack geht es in Richtung Westen auf die Berge zu. Wir wandern flussaufwärts bis zu einem Wasserfall. Das Wasser donnert in Kaskaden etwa haushoch in die Tiefe. Die Felsen sind mit grünem Moos bewachsen, in der Gischt leuchten Regenbögen. Obwohl es ein warmer Tag ist, ist es in der Nähe des Wasserfalls deutlich kühler. Der Wind weht feine Wassertropfen auf mein Gesicht. Es riecht nach Moos und Wald. Die Luft ist erfüllt vom Donnern des Wassers und den Geräuschen des Waldes. Ich fühle mich wohl.

Demütig stehe ich vor dieser Pracht. Ich wünsche mir, dass meine Kinder und meine Frau das sehen und spüren könnten.

Wie lange wir verweilt haben, weiß ich nicht. Zeit hat für mich hier in der Wildnis eine andere Bedeutung bekommen. Die intensive Wahrnehmung meiner Umwelt hat die Zeit zu einem wertvollen Teil meines Selbst gemacht.

Wir umgehen den Wasserfall auf einem Pfad. Während wir hinaufkraxeln, denke ich an meine Arbeit. An die Sitzungen, Gespräche, Verhandlungen, die zu nichts geführt haben, weil die Teilnehmer mehr Interesse daran gezeigt haben, ihr Ego in den Vordergrund zu stellen, oder versucht haben, ihre Macht zu demonstrieren. An manchem Arbeitstag ist mir über all dieser Selbstdarstellerei die Zeit verronnen wie Sand, der durch die Finger rieselt.

Ich erinnere mich an meine Vision, in der mich die Geister mit Sand beworfen haben. Mir wird flau.

Wir wandern weiter am Fluss entlang auf eine beeindruckende Bergkette zu. Meiner Einschätzung nach ragen die Gipfel mehr als 2.500 Meter in die Höhe. Der Wald scheint unendlich zu sein. Sein dunkelgrüner Teppich überdeckt die Berge bis zur Waldgrenze.

Nach ungefähr drei Stunden rasten wir vor einer kleinen Schlucht, durch die sich der Fluss über Jahrtausende einen Weg ins Tal gebahnt hat. Wir stärken uns mit Dörrfleisch und trinken das kalte Wasser aus dem Fluss.

Meine Gedanken sind bei der Zeit, die hinter mir liegt, und bei der, die hoffentlich noch vor mir liegt. Jetzt, mit Mitte 50, muss ich feststellen, dass mir weniger Zeit bleibt, um zu leben, als ich gelebt habe.

Was habe ich an Zeit verplempert – in endlosen Konferenzen, in stundenlangen Diskussionen? Formal haben wir Beschlüsse gefasst, nur um sie Tage später informell zu unterwandern. Absurd.

Ich wollte immer etwas bewegen, aber mit der Zeit musste ich lernen, dass es meistens um andere Dinge geht als um „die Sache", geschweige denn um einen höheren Sinn.

Und ich? War es bei mir auch so? Die Ablenkung vom Wesentlichen dominierte meinen Alltag ebenso. Kann dies der Grund sein, dass ich latent unzufrieden war, weil ich gespürt habe, dass es für mich in eine falsche Richtung läuft? Bisher ist es ja auch gut gegangen. Zeit war bisher keine Währung für mich. Das Rennen im Hamsterrad des Alltags sah von innen aus wie das Erklimmen einer Leiter, auf der es stetig nach oben geht. Aktionismus war mir bisher wichtiger als das Reflektieren mit neuen Perspektiven. Die anderen machen es auch so, also wird es schon der richtige Weg sein. Und jetzt?

Von hier, also von außen aus betrachtet, ist das Hamsterrad keine Leiter, sondern eben nur eine sinnfreie Ablenkung, die mir meine Energie raubt und mich gerade nicht weiterbringt.

Es erscheint mir wesentlich einfacher, mich anzupassen, als auszubrechen. Und doch widerstrebt es mir, mich mit den aufgeblasenen Egos einiger Menschen und dem sinnfreien Verplempern von Zeit abzufinden.

Klar, ich habe mich auf eine gewisse Art bislang mit dem System arrangiert. Mit Konsum und Normerfüllung konnte ich eine Zeitlang das Streben nach Zufriedenheit betäuben. Offen gestanden, habe ich mich angepasst und mich damit ein Stück weit selbst verraten. Das Hamsterrad hat offensichtlich zu viel Kraft gekostet. Am Ende meiner Energie war ich nicht mehr in der Verfassung, die Handlungsmaximen der Manipulierer und Opportunisten auszuhalten.

Inzwischen ertrage ich sie nicht mehr, die Neider, die versuchen, Fähigere in Verruf zu bringen, um sich ihrer Positionen,

Talente und Erfolge zu bemächtigen. Ich möchte meine Zeit nicht mehr vergeuden, indem ich mit Leuten zusammen bin, deren wichtigstes Motiv es ist, selbst gut dazustehen. Ich will nicht mehr nur noch Überschriften diskutieren, Entscheidungen vertagen oder bewusst verzögern, um dem Ego anderer zu schmeicheln. Es macht mich traurig, wenn Talente unterdrückt werden, wenn Vielfalt gepredigt, aber trotzdem nach persönlichem Interesse gehandelt wird.

Vermutlich habe ich gespürt, dass da noch mehr ist, und einen inneren Widerstand dagegen entwickelt. Ein bisschen ein Kampf gegen mich selbst.

Klar, dass du das nicht gewinnen kannst, sage ich in Gedanken zu mir selbst.

Ich atme die herrliche, klare Luft ein und blicke in den Himmel. Zufall oder nicht? Ein paar hundert Meter links von mir steht ein Falke in der Luft und fixiert seine Beute – oder seinen Schützling. Ich fühle mich erleichtert.

„Ich weiß jetzt, warum ich hier bin, Wakanhca", höre ich mich sagen.

„Ich will das Wesentliche. Ich möchte nicht meine Zeit verschwenden, nur um besser ins Konzept zu passen. Ich möchte meine Talente entfalten und als Mensch zur Geltung kommen. Ich möchte im Einklang mit mir, den Personen, die ich liebe, und der Welt leben. Ich will das beste Ich sein, das ich sein kann, und andere befähigen, es mir gleichzutun. Ich möchte Verantwortung übernehmen, Menschen im Herzen berühren und jemand sein, der ein lebenswertes und ausbalanciertes Leben führt. Ich möchte das Große Ganze verstehen und ein Teil davon sein."

Ich werfe einen Stein in den Fluss, drehe mich zu meiner Lehrerin und sage: „Ja, all dies möchte ich, und deshalb bin ich hier."

Die Zeit scheint stillzustehen. Ich sehe Wakanhca erwartungsvoll an. Sie nickt und breitet die Arme aus. Ich gehe auf sie zu und nehme die Umarmung dankbar an.

„Das ist es, was der Wolf dir in deinen Träumen gezeigt hat: Dein spiritueller Geist ist in Eile. Du hast viel Zeit verschwendet, aber es ist nicht zu spät. Jetzt bist du auf dem Pfad, der dich zu dir selbst und zu deiner Bestimmung bringt. Du bist dem Falken gefolgt und hast dich entschieden – sei stolz auf dich", sagt Wakanhca und formuliert so unwissentlich meinen Tagebucheintrag für heute.

* * *

„Jeder Mensch trägt die Verantwortung dafür,
wie er sein Leben gestaltet.
Es ist wichtig, dass auch andere Menschen
dies verstehen und respektieren."

KAPITEL 9

Kampf der inneren Wölfe

Unser Weg führt uns stetig bergauf, am Fluss entlang. Wir umgehen Wasserfälle, Schluchten und andere Naturhindernisse. Am späten Nachmittag erreichen wir eine Lichtung, auf der eine einfache Holzhütte steht. Vor den Fenstern hängen braune Säcke. Das Dach ist mit Gräsern und Moos bewachsen. In der Hütte befinden sich ein Steinofen, ein Tisch, zwei Stühle, ein paar Kochutensilien, etwas Holzgeschirr und ein Bett. Alles sehr einfach und aus Holz gefertigt. Wakanhca hat mir das Bett zugewiesen und für sich selbst am Ofen eine Decke auf dem Boden ausgelegt. Trotz meiner Einwände hat sie darauf bestanden, auf dem Boden zu schlafen. Mir ist das unangenehm, aber sie hat mir mehrfach versichert, dass sie das so möchte.

Ich bewundere diese Frau jeden Tag ein bisschen mehr; nicht nur die Zufriedenheit und Weisheit, die sie ausstrahlt, auch die Art, wie sie sich bewegt. Sie geht mit Bedacht und sicherem Schritt. Wenn ich wieder mal auf dem Hintern saß, im Matsch lag oder mir das Schienbein an irgendeiner Wurzel aufgeschrammt hatte, habe ich sie um die Leichtigkeit beneidet, mit der sie wandert, klettert und Abhänge hinunterrutscht. Mich zu beklagen oder zu jammern, traute ich mich in Anbetracht meiner alten, gebrechlich wirkenden Lehrerin nicht. Nicht aus Angst vor ihrem Kommentar, den sie sich ohnehin verkneifen würde, sondern aus Respekt vor ihrer Leistung und aus Scham vor meinen verkümmerten Fähigkeiten. Wenngleich ich das Gefühl habe, dass es jeden Tag etwas besser wird. Meine im Büro eingerosteten Glieder beginnen so langsam wieder geschmeidiger zu werden. Außerdem habe ich das Gefühl, dass auch meine Sinne wieder besser funktionieren. Ich habe das Gefühl, dass ich zunehmend besser schmecken, riechen und sogar deutlicher sehen kann.

Ich sammle trockenes Holz, und Wakanhca bereitet unser Abendessen zu. Es gibt einen Brei aus gekochtem Mais, Wurzelgemüse und Kürbis, gewürzt mit Chili und Salz, den wir mit Maismehlfladenbrot aus dem Topf löffeln. Das Essen schmeckt gut und hat eine angenehme Schärfe.

Nach dem Essen bin ich satt und gestärkt, muss mich allerdings strecken und dehnen. Die Wanderung hat mich angestrengt. Das schmerzhafte Ziehen in meinen Waden lässt mich laufen wie einen Zirkusclown auf Stelzen. Wakanhca beobachtet mich und grinst.

„Vermutlich hat dich der Weg hierher nicht so gefordert wie mich – und das, obwohl du sicher schon so um die Ende 60 bist?", frage ich vorsichtig, um herauszufinden, wie alt meine Gastgeberin ist. „Doch, ich spüre heute auch, dass wir lange unterwegs waren." Wakanhca lacht.

Ich finde mich gerade damit ab, dass sie mir ihr Alter nicht sagen möchte, da fährt sie fort: „Ich durfte schon über 80 Sommer erleben." Sie macht eine kurze Pause. „Altwerden ist eine großartige Sache, wenn du dir täglich vor Augen führst, dass jeder Tag ein Neuanfang ist, den du nur verdient hast, wenn du respektvoll mit dir selbst umgehst."

Ich möchte dieser Frau in so vielen Dingen nacheifern. Ihre Zufriedenheit und Leichtigkeit sind inspirierend und ansteckend.

Mich beschäftigt der Gedanke, ob ich es schaffe, mein Leben wirklich zu verändern. Hier in dieser Umgebung scheint alles so viel einfacher. Liegt es daran, dass es weniger Reize, Einflüsse und überhaupt weniger Dinge gibt? Oder liegt es daran, dass man hier draußen mehr auf das Wesentliche fokussiert sein muss? Ich weiß es nicht.

„Was denkst du, Wakanhca, werde ich es schaffen, das Gelernte umzusetzen?", frage ich nach einer Weile der Stille.

„Es gibt bei uns eine alte Weisheit, die besagt, dass in jedem von uns zwei Wölfe kämpfen. Einer ist böse. Er ist der Zorn, der Neid, die Eifersucht, die Sorgen, der Schmerz, die Gier, die Arroganz, das Selbstmitleid, die Schuld, die Vorurteile, die Minderwertigkeitsgefühle, die Lügen, der falsche Stolz und das Ego.

Der andere ist gut. Er ist die Freude, der Friede, die Liebe, die Hoffnung, die Heiterkeit, die Demut, die Güte, das Wohlwollen, die Zuneigung, das Talent, die Großzügigkeit, die Aufrichtigkeit, das Mitgefühl und der Glaube."

Ich denke über das Gehörte nach und frage: „Welcher der beiden Wölfe gewinnt?" „Der, den du fütterst, mein Junge. Der, den du fütterst."

Das Schöne ist, dass ich hier sehr viel Zeit habe, um nachzudenken. Ich muss das Gelernte, Gehörte oder Gesehene nicht sofort kommentieren oder unmittelbar bewerten, um eine Entscheidung zu treffen.

Ach, wie ich das genieße. Bei der Rückschau auf die letzten Monate muss ich mir eingestehen, dass ich dem bösen Wolf reichlich Futter gegeben habe. Das muss ich ändern. Das will ich ändern. Das werde ich ändern.

Es ist dunkel geworden. Wir sitzen immer noch am Lagerfeuer und schweigen uns an. Es wird nicht viel gesprochen. Es gibt Momente des Redens und Zuhörens und die des Schweigens und Nachdenkens. Das Knacken und Zischen unseres Lagerfeuers vermischt sich mit dem Rauschen des Waldes und dem Plätschern des Flusses. Im Schein der Flammen sehen die gewaltigen Nadelbäume beinahe aus, als wären sie vergoldet worden. Über uns Myriaden von Sternen. Eine Zeitlang bin ich ganz im Hier und Jetzt. Hinter dem Bergkamm taucht der Vollmond auf. Wie aufs Stichwort sind da auch wieder meine Gedanken über mich und mein Leben.

Was ist im Rahmen unserer menschlichen Möglichkeiten ein zufriedenes Leben?

Von klein auf wurde ich darauf konditioniert, mein Belohnungssystem zu aktivieren. Lust auf Anerkennung, ein neues Spielzeug, eine Beförderung, Lob und Genuss. Lust ist gut, Unlust dagegen schlecht. Diese Glücksgefühle halten meist nicht lange vor. Ich musste außerdem feststellen, dass Überfluss dazu führt, dass der Wert einer Sache sinkt. Könnte eine Strategie sein, dass ich meine Bedürfnisse hinterfrage, reguliere und wohl dosiert einsetze? Ist das alltagstauglich? Ein probates Mittel scheint mir zu sein, dass ich meine Sinne geschärft halte, um so – wie hier in der Natur – die kleinen Dinge des Lebens auskosten zu können.

Das Vertrauen auf ein Großes Ganzes scheint Wakanhca zu helfen, weniger Ängste und Sorgen zu haben. Sie lebt in Frieden – nach innen wie nach außen. Eine sehr beneidenswerte Eigenschaft, an der ich definitiv noch arbeiten muss.

Ich bin darauf trainiert, Fehler zu finden, Probleme zu sehen und alle möglichen Szenarien durchzuspielen, bevor ich eine Entscheidung treffe – und das nicht nur im Job.

Ich nehme mein Tagebuch zur Hand und notiere, dass ich mir künftig weniger Druck machen, unnötige Zukunftsängste ersparen und nach Frieden streben möchte. Kann ich mich auch damit zufriedengeben, mein bestmögliches gegeben zu haben? Es könnte sein, dass das Trachten nach Perfektionismus mich unnötig unter Druck setzt. Wer sagt denn, dass immer alles perfekt sein muss? Ein Versuch ist es wert.

Wie sagte meine weise Freundin heute: Meine Seele sei in Eile. Bedürfnisse nach Luxus, Geld und Besitz möchte ich bestmöglich einschränken. Keines meiner Besitztümer kann und wird je an meine Erfahrungen mit Wakanhca heranreichen. Ist der Gewinn von Vertrauen und Freundschaft ein Schlüssel für ein zufriedenes Leben?

Glück und Zufriedenheit sind schön, machen allerdings viel Arbeit.

Nachdem ich mein Tagebuch zur Seite gelegt habe, fesseln mich die züngelnden Flammen des Lagerfeuers. Ich fühle mich wohl und bin dankbar für diesen Moment.

„Was weißt du über Wölfe?", fragt mich Wakanhca nach einer Weile.

„Na, ich würde sagen, nur Allgemeinwissen. Das, was ich aus einer Streaming-Dokumentation kenne", erwidere ich und rufe mein Wissen ab.

„Ein Wolfsrudel läuft, spielt oder jagt etwa acht Stunden am Tag, der Rest wird geschlafen. Wölfe können im Gehege bis zu 15 Jahre alt werden, in freier Wildbahn in der Regel nur neun bis elf. In der Dokumentation wurde gesagt, dass sich das Ökosystem im Yellowstone Nationalpark erstaunlich verändert hat, nachdem dort Wölfe wieder angesiedelt worden waren. In den unterschiedlichen Stufen der Nahrungskette hat sich das System verändert. Elche und Hirsche wurden kräftiger. Espen und Weiden gediehen viel üppiger, sogar das Gras wuchs höher. Aber das Erstaunlichste ist, dass sich die Flüsse und deren Bewohner erholt haben", doziere ich und will mit meinem Fachwissen glänzen.

„Das überrascht mich nicht", erklärt Wakanhca und blickt ins Feuer. „Der Wolf sorgt für Gleichgewicht in der Natur. Schön, dass der Wolf dir nicht fremd ist. Die nächsten Tage wirst du ihn noch besser kennenlernen. Die Höhle des Rudels eines wunderbaren Alpha-Paares ist nur etwa eine halbe Stunde Fußmarsch von hier entfernt. Jetzt werden wir Bruder Wolf bitten, uns an seiner Weisheit teilhaben zu lassen."

Wakanhca steht auf und reckt die Arme in den Nachthimmel. Ich tue es ihr gleich, und sie beginnt ihr Gebet:

> *„Wir sind eins mit dem Großen Geist. Wir sind eins mit Mutter Erde und Großmutter Mond. Die Kraft der Natur ist auch unsere Kraft. Alle Dinge sind auch unsere Dinge.*
> *Bruder Wolf, lass uns teilhaben an deinem Leben, deiner Jagd, deinem Spiel und deiner Weisheit. Sorge für uns und wir sorgen für dich. Beschütze uns und wir beschützen dich.*
> *Erlaube uns, Teil deiner Welt zu sein. Wir werden achtsam sein und dich respektieren. Zu jeder Zeit, in jeder Situation. Bruder Wolf, wir freuen uns auf dich."*

Mir ist nicht so ganz wohl bei dem Gedanken, dass ich morgen wilden Wölfen begegnen werde. Das hier ist kein Streichelzoo. Keine Zäune, keine Mauern und Gräben. Mich tröstet der Gedanke, dass Wakanhca sicher nicht so alt geworden wäre, wenn sie nicht wüsste, was sie da macht. Aber mulmig ist mir trotzdem. Ich liege wach und höre die Wölfe in der Ferne heulen. Wollte ich nicht weniger Ängste haben und mehr auf das Große Ganze vertrauen?

„Bruder Wolf, ich freue mich auf dich. Erlaube mir ein Teil deiner Welt zu sein", sind die letzten Gedanken, bevor ich in einen tiefen, ruhigen Schlaf drifte.

TEIL II
BRUDER WOLF

* * *

„Es gibt Wichtigeres im Leben, als beständig dessen Geschwindigkeit zu erhöhen."

Mahatma Gandhi,
indischer Friedensaktivist und
spiritueller Führer

KAPITEL 10

Weisheit der Wölfe

Wakanhca ist nicht in der Hütte. Ich finde sie draußen am Feuer. „Guten Morgen, Fliegender Wolf. Hast du gut geschlafen?", fragt sie. „Ja. Tief und traumlos."

Die Wärme des Feuers tut gut. Es hat in der Nacht abgekühlt. Ohne die Felle, auf und unter denen ich geschlafen habe, wäre es sicher unangenehm kalt geworden. Wir essen Eier und Fladenbrot sowie einen Apfel. Der selbstgebraute Tee hilft mir beim Wachwerden.

Nach dem Frühstück spüle ich die Tassen, den Teekessel und die Pfanne im Fluss mit klarem Wasser ab. Ich fühle mich satt und gestärkt. Kein Abfall – sieht man von den Eierschalen und dem Apfelgehäuse ab. Wakanhca erzählte mir bei einem unserer Ausflüge, dass ihre Vorfahren Trinkflaschen aus einer Büffelblase hergestellt haben. Das hatte sicher wenig Gewicht und war definitiv nachhaltig. Dennoch bin ich froh, dass ich für uns je eine Metallflasche mit Flusswasser befüllen kann.

Wakanhca ordnet ihre Sachen und bereitet unseren Ausflug vor. Als Proviant nehmen wir zusätzlich zum Wasser das restliche Fladenbrot und etwas Dörrfleisch mit. Jetzt geht es also los und mit etwas Glück begegne ich heute Wölfen in freier Wildbahn. Glück? So ganz überzeugt bin ich noch nicht.

Als wir aufbrechen, fühle ich mich aufgeregt und etwas angespannt. In dem Bewusstsein, dass es hier Wölfe gibt, ist die Wanderung durch den Wald ein intensives Erlebnis. Ich bin viel aufmerksamer als die Tage zuvor.

Meine Begleiterin stapft wie immer voran und summt vor sich hin. Wir haben den schmalen Trampelpfad durch den Wald verlassen und gehen auf einem Bergkamm entlang in Richtung

Norden. Gräser und lilafarbene Blumen säumen den Weg. Links unter uns kann ich über einen endlosen, weiten Wald blicken. Vor uns erstreckt sich ein gewaltiges Bergmassiv. Der Wald scheint von unten nach oben an den ansteigenden Bergen förmlich hinaufzuklettern, bis der graue Fels zu steil ist, um noch Halt für Bäume zu geben.

Zwischen zwei markanten Gipfeln hängt ein riesiger Gletscher im Felsen. Unterhalb des Gletschers erkenne ich einen grünblauen See. Rechts von uns wachsen Gräser und Blumen auf einer Lichtung, die etwa drei bis vier Fußballfelder groß ist, ehe dahinter wieder dichter Wald zu sehen ist.

Wakanhca zeigt in Richtung der Blumenwiese auf einen Felsen, vor dem ein abgestorbener Baum liegt. „Da ist der Eingang zum Wolfsbau", erklärt sie mir. Wir gehen noch einige Meter leicht gebückt, bis wir uns auf allen Vieren bis zu einem Baum mit zwei Stämmen, die v-förmig etwa 15 Meter in die Höhe ragen, an den Bau anschleichen. Von hier aus können wir die Wölfe gut beobachten, und ich fühle mich etwas sicherer als auf freiem Gelände. Der Wind kommt von vorne; so können uns die Tiere nicht ganz so gut riechen.

Und tatsächlich sehe ich kurz darauf rechts von uns einen dünnen, kleinen Wolf, der mit fünf Welpen spielt. Die Kleinen toben und purzeln wild übereinander. Ihre Bewegungen wirken tapsig und unbeholfen. Ich bin fasziniert und aufgeregt.

„Das ist eine Art Babysitter. Wölfe sind uns Menschen im Sozialverhalten ähnlicher als jedes andere Lebewesen auf Mutter Erde. Bruder Wolf kümmert sich mit Hingabe um die Alten und Verletzten, und er erzieht seinen Nachwuchs konsequent und liebevoll. Wölfe können sich im Spiel verlieren, logisch und strategisch denken sowie träumen, planen und intelligent kommunizieren", sagt Wakanhca leise. „In den nächsten Tagen werde ich dich mit der Weisheit der Wölfe bekannt machen. Zunächst jedoch müssen wir uns das Vertrauen der Wölfe verdienen", flüstert Wakanhca. Und fährt in gedämpftem Ton fort:

„Das Verhalten der Tiere erzählt eine wunderbare Geschichte über die Verbindungen der Natur, Werte und Familiensinn, Vertrauen, Geduld, Achtsamkeit, Führung, das Leben und den Tod. Dieser ausgewachsene Wolf dort drüben zum Beispiel ist nicht besonders stark und wird vom Rudel gemaßregelt und ständig getadelt. Nicht gemein, aber mit Methode. Wenn das Rudel auf der Jagd ist, beaufsichtigt er die Welpen. Er ist sich der Verantwortung bewusst, und er behandelt den Nachwuchs so, wie er vom Rudel behandelt wird. Damit ist er der ideale Aufseher für die kleinen Racker. Unter den Schwachen ist er der Starke und hat das Sagen. Das ist gut für ihn und für die Welpen. Er ist sich bewusst, dass aus den kleinen Wölfen eines Tages starke Rudelmitglieder werden, und daher setzt er seine Macht wohl dosiert ein", flüstert Wakanhca.

Die kleinen Wölfe toben herum, schubsen sich und purzeln über die Wiese. Die Zeit verstreicht unmerklich wie im Flug. Es fühlt sich alles so leicht an.

Wakanhca bedeutet mir mit einer Kopfbewegung, dass wir uns zurückziehen. Das Beobachten der Tiere war spannender als jeder Film oder jede Dokumentation, die ich je gesehen habe. Ich merke erst beim Wegkriechen, dass wir wohl länger als von mir wahrgenommen auf der Lauer gelegen haben, denn meine Hüfte und mein Rücken brauchen erst ein paar Meter, bis sie sich wieder gängig anfühlen. In ausreichendem Abstand richten wir uns wieder auf und suchen uns einen Platz für eine Mahlzeit. Ich plappere wie ein Wasserfall. Die Anspannung hat sich gelöst. Ich bin fasziniert von dem heutigen Erlebnis, tatsächlich Wölfe gesehen zu haben. Meine Mentorin erträgt mein Gequassel mit einem Lächeln. Wir reden, lachen, essen und trinken. In meinem Fall zum Teil alles auf einmal.

Prüfend schaut Wakanhca nach dem Stand der Sonne. Wir müssen uns auf den Heimweg machen. Aber mein Redefluss endet erst mit einsetzendem Seitenstechen. Vermutlich gerade noch rechtzeitig, bevor mich Wakanhca in „Quasselnde Socke" umbenannt hätte.

In Gedanken suche ich nach den richtigen Worten für den heutigen Tagebucheintrag. Es wird schwer sein, dieses Ereignis in Worte zu fassen. Vielleicht halte ich einige meiner Gedanken mit Zeichnungen fest. In meiner Jugend war ich ein talentierter und begeisterter Zeichner. Warum ich damit aufgehört habe, weiß ich nicht. Dies könnte ein guter Zeitpunkt sein, wieder damit zu beginnen.

* * *

„*Das Leben ist nicht immer leicht,*
doch es ist durchaus gestattet,
es sich leichter zu machen!"

KAPITEL 11

Spiele, wenn du kannst

Am zweiten Tag beobachten wir erneut das fröhliche Treiben der Welpen. Die wilde Bande ähnelt einer Clique übermütiger Kinder. Ihr Aufpasser hat seine Schnauze in die Höhe gereckt und schnuppert. Seine Lefzen flattern beim Ausatmen. Er hat uns längst gewittert und nun auch entdeckt.

Ohne Hektik, aber bestimmt drängt der Aufpasser die herumtollenden Welpen in Richtung des Wolfsbaus. Uns lässt er keine Sekunde aus den Augen. Sein Blick fesselt mich. Ich habe Gänsehaut und ein wenig Angst. Gleichzeitig fühle ich mich lebendig und konzentriert. Alle Sinne sind alarmiert.

Für einen Moment scheint die Zeit stillzustehen. Alles in diesem Moment ist klar fokussiert auf diese eine Entscheidung zwischen dem Wolf und uns: Können wir uns vertrauen oder sind wir eine Gefahr füreinander?

Der Wolf trifft seine Entscheidung noch vor mir. Alles ist gut. Die Zweibeiner mit dem komischen, unbekannten Geruch stellen keine Gefahr für die Welpen dar. Ich bin mir umgekehrt nicht so sicher, aber entschließe mich, meinem neuen, haarigen Freund mein Vertrauen zu schenken. Langsam wende ich meinen Blick von ihm ab, sodass wir uns beide merklich entspannen.

Der Nachwuchs scheint nichts mitbekommen zu haben. Die Welpen toben unbekümmert weiter. Die Fröhlichkeit und Leichtigkeit, mit der die Tiere ihrem Spiel nachgehen, ist faszinierend. Alles scheint aufregend, spannend und zugleich lustig zu sein. Grashüpfer und Schmetterlinge animieren die Welpen genauso zum Spiel wie Stöcke, das Wasser des Bachs oder die Geschwister. Ich kann mich daran erinnern, dass das Spiel auch mir als Kind eine solche Leichtigkeit brachte. Wann und weshalb ich sie verloren habe, kann ich nicht mit Sicherheit sagen. Ich vermute, es hat etwas mit der schulischen und gesellschaftlichen Prägung zu tun, mit der Normen in unser Leben einziehen.

Der Aufpasser ist ruhig, ohne seine Wachsamkeit zu verlieren, stets bereit, die Situation neu zu bewerten. Das Vertrauen in seine Instinkte, seine Sinne und seine Intuition leiten ihn an.

Wie lange wir die Wölfe beobachtet haben, weiß ich nicht. Es hat viel Freude gemacht, und mein Zeitgefühl ist mir komplett abhandengekommen.

Das unbekümmerte Spiel endet recht plötzlich. Die Welpen legen sich am Fuße des Felsens vor den Wolfsbau, um zu schlafen. Erschöpft vom vielen Toben und den Zerrspielen. Der Aufpasser liegt davor und wacht. Ein dunkler Streifen ziert den Bauch des Wolfs. Sein Rücken ist eher silbergrau. Wie kleine Fellbündel liegen die Jungen zusammengerollt im Gras. Die Augen geschlossen. Es sieht für mich aus, als würden sie lächeln. Ich muss dem Drang widerstehen, hinzulaufen und die süßen Wolfsjungen zu streicheln.

„Genug für heute", sagt Wakanhca. Vorsichtig ziehen wir uns zurück, verlassen die Wölfe und gehen weiter zur eindrucksvollen Hochebene. Auf dem Weg in unser Lager reden wir heute nur sehr wenig. Wakanhca summt fröhlich vor sich hin. Sie genießt jede Minute des Weges. Hier und da bleibt sie stehen, pflückt Kräuter, nascht Beeren oder sammelt Pilze. Ich bin noch dabei, das Gesehene zu verarbeiten.

Wakanhca grinst mich an und sagt: „Versuche es doch mal so zu machen wie die Wolfsjungen heute. Denke nicht zu viel nach und genieße das Spiel des Lebens. Raus aus dem Kopf und rein ins Herz."

Den Rest des Heimwegs denke ich über das heutige Erlebnis nach. Mich hat die Leichtigkeit der Wölfe sehr beeindruckt. Blödsinn machen, spielen und toben. Keines der Tiere strebt nach Höchstleistung, will perfekt oder beliebt sein. Es geht darum, eine gute Zeit zu haben. So wie es auch bei mir als Kind der Fall war. Ich vermisse das.

Die meisten Menschen leben in ständiger Zeitnot, leiden unter Hektik und Nervosität sowie körperlicher und psychi-

scher Daueranspannung. Viele sind dem wachsenden Erfolgs-
druck hilflos ausgesetzt und leiden unter verbissenem Ehrgeiz:
höher, schneller, weiter. Mir ging es bislang nicht anders. Jetzt
wird mir klar, ich bin dadurch aus dem inneren Gleichgewicht
geraten. Den Rat meiner Lehrerin, weniger nachzudenken und
mehr auf mein Herz zu hören, muss ich noch verinnerlichen.
Im Moment gelingt mir das noch nicht.

Zurück im Lager sammle ich Holz, und Wakanhca bereitet
unser Abendbrot zu. Heute gibt es gegrilltes Hühnerfleisch mit
einer Honig-Chili-Marinade. Es schmeckt fantastisch. Diese Mischung aus süß und scharf kannte ich bisher so noch nicht. Ich
lobe die Köchin und bedanke mich für das leckere Mahl. Den
Rest des Essens schweigen wir und sehen zu, wie die Sonne hinter den zerklüfteten Gipfeln der Berge verschwindet. Das Spiel
von Licht und Schatten schafft eine wunderbare Atmosphäre.

Das Lagerfeuer knackt und prasselt munter vor sich hin. Es
riecht nach würzigem Rauch und aromatischem Kräutertee mit
einem Hauch Honig-Chili-Hähnchen.

Ich breche das Schweigen: „Woher wusste der Wolf, dass er
uns vertrauen kann?" „Er wusste es nicht. Er hat die Situation
bewertet und eine Entscheidung getroffen. Er hat uns genau
beobachtet, und keines der ihm bekannten Bedrohungsmuster
ist eingetreten. Nachdem er unser Verhalten analysiert hatte,
konnte er entscheiden, uns zu vertrauen. Wären wir auf der Jagd
gewesen, hätten wir sicher anders auf ihn gewirkt. Oft verraten Kleinigkeiten unsere Absicht. Hätten wir etwas Böses vor-
gehabt, dann hätte das den Wolf sicher alarmiert. Bruder Wolf
kann es spüren oder riechen, wenn er in Gefahr ist. Auf jeden
Fall erkennt der Wolf einen Unterschied am Verhalten eines Ein-
dringlings. Leider sieht er bei der modernen Jagd mit Gewehren-
ren die Gefahr nicht kommen."

Wakanhca legt Holz nach. „Woher wusstest du, dass er uns
nicht angreift?", fragt sie. „Als ich in seine orangefarbenen Augen geblickt habe, hatte ich Angst. Er hat mich angesehen, als
könne er in meine Seele blicken", erwidere ich. „Aber mir sind
die Worte deines Gebets eingefallen: Bruder Wolf, lass uns teil-

haben an deinem Leben, deiner Jagd, deinem Spiel und deiner Weisheit. Sorge für uns und wir sorgen für dich. Beschütze uns und wir beschützen dich. Das hat sich gut und richtig angefühlt. Ich sagte in Gedanken zu dem Wolf, dass ich ihm und seinem Rudel nichts Böses will und gerne von ihm lernen möchte."

„Auch wenn er dich nicht verstehen konnte, so hat er dich begriffen", sagt Wakanhca. „Und was hat dich an den Welpen am meisten beeindruckt?"

Sofort kommt mir das unbekümmerte Spiel in den Sinn: „Die Leichtigkeit, mit der die Welpen die Welt wahrnehmen und wie sie mit allem und jedem spielen. Die Neugier und das Unbedarfte hat mich berührt. Ich hatte das als Kind auch. Alles war so einfach."

„Wie ich dir heute schon einmal sagte, du musst raus aus deinem Kopf und mehr mit dem Herzen handeln. Wann immer du kannst, nutze die Zeit für das Spiel. Es lässt dich entspannen, du kannst dich darin verlieren."

Ich analysiere gerne Situationen oder wäge die Vor- und Nachteile ab, um keine unnötigen Risiken einzugehen. Jetzt, wo ich so darüber nachdenke, habe ich im Streben, die beste Entscheidung zu treffen, bestimmt einige Gelegenheiten auf spontanes Glück oder zufriedene Momente vergeben, weil mich ein Risiko zurückgehalten hat: Ja nicht verletzen, krank werden, Geld verlieren.

Ich lasse Wakanhca an meinen Gedanken teilhaben. Sie erklärt mir, dass Bruder Wolf sowie die gesamte Natur genau andersherum agieren.

„Die Gelegenheit im Hier und Jetzt zählt. Wenn es dann doch zu einer Katastrophe kommt, bietet diese immer die Chance auf einen Neuanfang. Du kannst dieses Wissen auf dein Leben übertragen. So wie das der Wölfe bleibt auch dein Leben nicht von Rückschlägen verschont. Du kannst deinen Job oder eine geliebte Person verlieren, krank werden oder in eine toxische Beziehung geraten. Aber sieh diese Erfahrungen nicht nur als Tragödien, sondern eben als Aussicht, neu zu beginnen. Einen schönen Moment nicht genießen zu können, nur weil deine Gedanken

Schreckensszenarien konstruieren, das ist verschwendete Lebensqualität. Es kommt doch in der Regel ohnehin nicht so, wie du dir das zusammenreimst. Dann doch lieber etwas riskieren und im Zweifel weiser und reifer aus einer Krise hervorgehen."

Vor meinem geistigen Auge sehe ich mich als kleiner Junge unbekümmert im Wald spielen. Kein Baum war zu hoch, kein Abhang zu steil. Ich nehme mein Tagebuch und beginne zu schreiben:

Spiele, wenn du kannst.
Nichts geschieht ohne Risiko, aber ohne Risiko geschieht
eben nichts.

* * *

„Es dreht sich alles um die Familie.
Das ist die Basis.“

Motto der Familie Schollenberger.

KAPITEL 12

Achte die Alten und unterweise die Jungen

An meinem dritten Tag bei den Wölfen sehen wir das ganze Rudel. Eine große Alpha-Wölfin mit dunklem, fast schwarzem Fell steht auf der Anhöhe über dem Bau. Mit orangebraunen Augen beobachtet sie stolz das wilde Treiben ihrer Familie – und uns.

Das Spiel der Welpen ist heute anders als gestern. Sie stolzieren zwischen den erwachsenen Wölfen umher, provozieren und imitieren sie. Ich muss unweigerlich grinsen. Einer der Grünschnäbel stößt einen erwachsenen Rüden mit der Hüfte an. Er prallt einfach ab und purzelt rückwärts.

„Auch Wolfskinder müssen ihre Lektion lernen", flüstert Wakanhca. „Den Jungen wird nichts verboten. Sie lernen durch eigene Erfahrungen. Manchmal tut das weh." Sie deutet auf einen Welpen, der sich mit den Pfoten die Nase reibt.

„In Zukunft wird er bei Bienen vorsichtiger sein. Wolfseltern vermitteln ihrem Nachwuchs das Leben zwischen Freiraum und klaren Grenzen sowie zwischen gutmütig sein und klar seinen Willen einfordern."

Mir fällt auf, dass sich die Erwachsenen diesbezüglich stets einig sind. Nein ist Nein – und zwar bei allen erwachsenen Familienmitgliedern. Ein etwas älterer Rüde wird sichtlich von einem der Welpen geärgert. Er diszipliniert den Welpen, ohne dass sich die Eltern einmischen. Das gesamte Rudel scheint sich um die Erziehung des Nachwuchses zu kümmern.

Wakanhca flüstert: „Diese Tierfamilie gleicht einer menschlichen Familie. Ein Rudel besteht meistens aus Mutter, Vater und den Kindern. Der Rüde und die Fähe leben in einer gleichberechtigten Partnerschaft. Sie bleiben ein Leben lang zusammen. Gemeinsam führen sie die Familie an."

Zu einem Rudel gehören mehrere Generationen von Welpen, die Anfang Mai zur Welt kommen. Die neugeborenen Welpen sind auf die volle Fürsorge der Familie angewiesen. Die Jährlinge, ein bis zwei Jahre alt und noch nicht geschlechtsreif, bleiben beim Rudel. Sie unterstützen bei der Erziehung der Kleinsten, bis sie bereit sind, eine eigene Familie zu gründen. Dann verlassen sie das elterliche Territorium für die Partnersuche.

Die Wolfseltern sind unbemerkt verschwunden. Ich sehe mich nervös um, kann sie aber nirgends entdecken. Zwei stattliche Jährlinge liegen einige Meter entfernt im Schatten, Rücken an Rücken. Um sie herum wird das Toben und Spielen langsamer und ruhiger, bis sich schließlich alle Tiere niedergelassen haben, um sich vom ausgelassenen Spiel zu erholen. Wakanhca erklärt: „Alle Völker sind Teil der Schöpfung und haben gemeinsame Rechte und Verpflichtungen gegenüber Mutter Erde. Das Feminine und das Maskuline haben die gleiche Verantwortung, um ein Gleichgewicht sicherzustellen.“

Interessanter Ansatz. Aus Angst, dass wir die Tiere durch das Getuschel beunruhigen, verkneife ich mir im Moment meine Gedanken und Fragen dazu.

Die Wolfseltern kommen zurück auf die Wiese. Sofort springen einige der Jungen auf und rennen ihnen unbeholfen entgegen. Sie überfallen die Anführer mit Lecken, Küssen und liebevollem Zwicken in die Ohren, auch wenn manche dafür noch hochspringen müssen. Die Eltern springen umher und steigen in das Spiel ein, bis alle ein einziges Fellbündel bilden. Die Schwänze der Kleinen drehen sich wie Propeller. Einige Wölfe reiben und berühren einander, springen umher, rennen übereinander. Einer der Welpen springt mit Anlauf auf zwei seiner Geschwister, die sich am Boden wälzen. Ein Augenblick purer Freude und Leichtigkeit.

Bei den Wölfen dreht sich alles um die Familie. Eltern müssen nicht beweisen, dass sie das Sagen haben. Sie haben es und bestimmen mit Erfahrung und Wissen über das Wohl des Rudels. In einem Wolfsrudel orientieren sich alle an den Leittieren. Das müssen nicht zwangsläufig die stärksten Tiere sein, sondern die, die Verantwortung vorleben und entscheiden können und wollen, was das Beste für die Familie ist. Manchmal wollen einzelne Wölfe ihren eigenen Weg gehen, sie begehren gegen Entscheidungen der Anführer auf. Das dürfen sie. In allen Fällen werden die Leittiere respektiert. Allein dafür, dass sie Verantwortung übernehmen und tragen. Leitwölfe werden in der Regel nicht so alt wie Rudelmitglieder. Wie bei Menschen bedeutet Verantwortung und Führung mehr Risiken und Stress. Das wirkt sich unmittelbar auf die Lebensdauer der Tiere aus.

„Was Mensch und Bruder Wolf verbindet, ist, dass wir uns um die Familienmitglieder kümmern", sagt Wakanhca. „Ist ein Tier krank oder verletzt, wird es mit Nahrung versorgt. Ich habe auch schon beobachtet, dass ein Aufpasser bei einem Verletzten im Bau bleibt, wenn das Rudel auf der Jagd ist. Das ist einzigartig in der Tierwelt. Die Familie ist ihre Basis, die Sicherheit, Schutz und Stabilität, schlicht der Daseinszweck der Wölfe."

Wir beobachten, wie ein älteres Tier leicht humpelnd einen ruhigen Platz im Schatten sucht, um sich auf die Seite zu legen. „Auch bei den Wölfen ist das Altern beschwerlich", erklärt mir meine Lehrerin. „In der Regel werden gesunde Tiere so um die zehn Jahre alt. In dieser Zeit sammelt ein Wolf viel Erfahrung. Vor allem über Fehler: Tritte von Beutetieren, falsches Fressen, schlechtes Wasser, ein stärkerer Rivale und natürlich dieselben Leiden wie bei uns Menschen; schlechter sehen, riechen und hören." Ich lerne, auch Wölfe sind wetterfühlig und im Alter schnell erschöpft. Hitze macht ihnen besonders zu schaffen. Ausgefallene oder kranke Zähne bedeuten ein erhebliches Risiko. Der Wolf ist, mehr als wir, auf sein Gebiss angewiesen. In der Wildnis braucht ein gebrechlicher Wolf seine Familie, um zu überleben.

Wakanhca erzählt, wie sie beobachtet hat, dass junge Wölfe aus dem Rudel alten oder kranken Tieren Nahrung gebracht haben. Sie berichtet, wie die Erfahrung alter Wölfe bei der Jagd eingesetzt wird und welche Vorteile ein Rudel vom Wissen der Alten haben kann.

„Dann werden die ‚Rentnerwölfe' also nicht als Belastung gesehen und vom Rudel nur geduldet?", hake ich nach. „Ganz und gar nicht. Alte Wölfe genießen großen Respekt, werden liebevoll umsorgt und sind geschätzte Familienmitglieder. In der Natur gibt es keine bessere Informationsquelle als die Erfahrung und das Wissen der Alten. In vielen Spezies sind die ältesten Mitglieder der Gemeinschaft dafür verantwortlich, den Jüngeren die wichtigsten Überlebensstrategien zu vermitteln."

Ich beobachte heute vor allem die ganz jungen und die sehr alten Tiere. Ihr Verhalten ist geprägt von Respekt, Verständnis und Lektionen. Es wird ausprobiert, gescheitert, geübt, gespielt und gelehrt. Auf dem Rückweg sind meine Gedanken beim Zusammenspiel von Jung und Alt. Der Respekt für die Alten kommt aus der Dankbarkeit für das, was sie für die Familie in der Vergangenheit geleistet haben, und, dass sie ihr Wissen mit den Jungen teilen. Aber auch die Jungen werden respektiert. Für ihren Übermut, ihre Neugier und die Unbekümmertheit, mit der sie ihre Welt erleben. Das Geschlecht der Tiere spielt bei all dem keine Rolle. Alle sind gleich.

Wenn ich daran denke, wie es in den meisten Firmen läuft, dann können wir noch einiges von den Wölfen lernen.

Zurück im Lager bereiten wir schweigend unser Essen. Es ist ein schöner Tag gewesen. Ich bin dankbar für diese Erfahrung und die neuen Erkenntnisse.

Der Abend ist kühl, wir sitzen am Feuer. Es prasselt und knackt. Wakanhca spielt eine einfache Melodie auf einer hölzernen Flöte, auf der am oberen Ende ein Totem in Form eines Wolfs mit einem Lederriemen festgehalten wird. Ich habe das Gefühl, dass alles zu einem Lied verschmilzt. Die Flötentöne, das Feuer, der Wind, das Rascheln der Bäume, die Vögel und mein Herzschlag. Eine Symphonie, getragen von Mutter Erde, Liebe und Wahrhaftigkeit.

Mir fällt wieder ein, was meine Lehrerin zum Geschlechtergleichgewicht gesagt hat. „Habe ich dich richtig verstanden, dass aus deiner Sicht Frauen und Männer die gleiche Verantwortung tragen, um die Stärke der Familie sicherzustellen."

„Ja", sagt Wakanhca überrascht. „Kann es denn anders sein?"

„Ein Gleichgewicht sehe ich in den meisten Fällen nicht."

„Das ist schade. Das Fundament aller Gemeinschaften bildet das Zusammenspiel der Weiblich- und Männlichkeit. Das gilt für Menschen wie für das Rudel. Eltern sind Partner bei der Pflege der spirituellen, kulturellen und sozialen Gesundheit der Familie. Diese Partnerschaft ist auf gegenseitige Achtung aufgebaut", erläutert mir meine Lehrerin. Ich spüre, dass dies ein sehr wichtiges Thema für sie ist.

„Ich sehe ein, dass Eltern und Leitwölfe für den Nachwuchs Vorbilder sein müssen. Es ist eine herausfordernde Aufgabe, seinen Kindern das Richtige vorzuleben, und es ist schwer, sich dann auch noch mit dem Partner einig zu sein. Gleichzeitig dachte ich immer, dass es wichtig ist, den Kindern Raum zur eigenen Entfaltung zu geben." Ich merke selbst, dass dies nach einer billigen Ausrede klingt.

„Es ist viel mehr als das, mein Junge. Eltern müssen den Wert von Vertrauen, Achtung und Würde sowie Respekt und Liebe veranschaulichen. Sie müssen dafür sorgen, dass das Handeln von Wertschätzung, Disziplin, Mäßigung und Fairness geprägt wird. Kinder handeln intuitiv und nicht unbedingt so, wie es ihnen die Eltern vorschreiben. Es braucht Beispiele und Gleichgewicht."

Mein persönliches Streben nach Macht und beruflicher Erfüllung habe ich viel zu häufig der Zeit mit den Kindern übergeordnet. So mit Abstand betrachtet, komme ich mir jetzt schäbig vor. Musste Arbeit erledigt werden, dann habe ich das getan, auch wenn das bedeutet hat, dass ich erst nach Hause komme, wenn der Nachwuchs bereits schläft. Elternabende kenne ich nur aus den Erzählungen meiner Frau. Sicher, ich habe mir Mühe gegeben, ein guter Vater zu sein, jedoch habe ich der Bestrebung, ein guter Manager zu sein, deutlich mehr Zeit gewidmet und Struktur sowie Methode gegeben.

Was bedeutet Familie für mich? Eine Gemeinschaft von Personen, die sich nahestehen, bedingungslos lieben und einander vertrauen. Für das Bestreben, geliebt und ernstgenommen zu werden, bietet die Familie die besten Voraussetzungen. Alle geben aufeinander acht, jeder ist für den anderen da. Mit einem Kloß im Hals habe ich das Bedürfnis, mich Wakanhca mitzuteilen.

„Ich vermisse meine Familie", höre ich mich sagen, und es klingt mehr nach einer Beichte als einer Feststellung. „Meine Familie bedeutet für mich alles. Ich liebe sie. Meine Eltern, Geschwister, deren Familie sowie besonders meine Frau und die Kinder, das steht außer Frage. Doch was haben sie von mir? Unter der Woche verbringe ich tagsüber zehn bis 14 Stunden im Büro. Wenn ich nach Hause komme, bin ich meistens erschöpft und müde. Am Wochenende und im Urlaub muss ich mich erholen, um wieder fit für die Arbeit zu sein."

„Wie ist es dir denn ergangen, wenn es mal wieder spät wurde?", hakt Wakanhca nach.

„Wenn zu einer stressigen, beruflichen Situation der innere und familiäre Druck kommt, dann fühlt sich das nicht gut an. Das äußert sich bei mir oft in Kopfschmerzen und Verspannungen."

Erstaunlich, dass in den meisten Fällen die Arbeit den zeitlichen Zuschlag bekommen hat. Es geht schließlich um den Job, der uns ernährt, hallt es in meinem Kopf. Sogar nach mehreren Wiederholungen und längerem Nachdenken hört und fühlt sich dieses Argument wie eine billige Ausrede an.

Ich frage mich, was meiner Familie lieber ist: Luxus und Wohlstand oder eine entspannte Zeit mit mir?

Darüber werden wir sprechen müssen, wenn ich zurück bin. Mein Tagebuch füllt sich heute mehr mit Fragen denn mit Antworten.

* * *

„Kenne deine Rolle und nutze dein Talent!"

KAPITEL 13

Jage, wenn du musst

Die Wölfe sind heute nicht da. Ich bin enttäuscht. Wakanhca scheint es nichts auszumachen. Wir umgehen den Wolfsbau weitläufig und klettern auf einen Felsvorsprung mit Blick auf das Tal und die Gipfel einer stattlichen Bergkette.

„Schade, dass wir heute kein Glück hatten", sage ich. Wakanhca lacht herzhaft, sodass ich erschrecke. „Wie bitte? Schau dich um, mein Junge. Also wenn wir kein Glück haben, wer dann?"

„So meine ich das nicht. Ich habe mich auf die Wölfe gefreut."

„Mag sein. Die Wölfe haben eben für heute einen anderen Plan, und das ist in Ordnung so. Du bist enttäuscht, weil deine Erwartung nicht erfüllt wurde. Enttäuschung und Erwartung sind ein unzertrennliches Paar. Die Erwartung kommt aus dem Unterbewusstsein und erzeugt ein Bild, wie du es gerne hättest. Die Realität konfrontiert dich mit dem tatsächlichen Bild des Lebens. Passen die beiden Bilder nicht zusammen, dann entsteht Enttäuschung."

Wakanhca erklärt mir, dass nicht erfüllte Erwartungen meistens wunderbare Möglichkeiten bergen. Sie fährt fort: „Das Bild aus deinem Unterbewusstsein wurde geformt von deinen Erfahrungen und Denkmustern. Nimm zum Beispiel deine Erfahrung mit den Wölfen: Sie waren jetzt immer da, wenn du an diesen Ort gekommen bist, also hast du erwartet, dass sie auch heute da sind. Du wolltest sie beobachten und lernen, denn das hat dich die letzten Tage glücklich gemacht und erfüllt. Ist es tatsächlich die Anwesenheit der Wölfe, von der dein Glück abhängt? Oder gibt es andere Möglichkeiten, wie du den Moment zu deiner Zufriedenheit gestalten kannst?" Wakanhca macht eine ausladende Bewegung mit ihrem rechten Arm. Sie deutet auf den herrlichen Ausblick.

„Wir hatten vermutlich die letzten Tage Glück, dass wir die Tiere beobachten konnten. Eher ist ihre Abwesenheit die Regel", sinniere ich vor mich hin. Das erinnert mich an ein Zitat von Arthur Rubinstein, das ich mal auf einer Geburtstagskarte gelesen habe:

Es gibt kein Rezept für Erfolg, außer vielleicht die bedingungslose Akzeptanz des Lebens und allem, was es mit sich bringt.

Wakanhca legt eine bunte Decke auf den Boden. Darauf verteilt sie Kristalle, Muscheln und Holzstückchen. In ihrer runzeligen Hand hält sie zwei Federn, die mit bunten Fäden miteinander verbunden sind. Sie bläst in eine Pfeife in der Form eines Eichhörnchens. Der schrille Ton leitet eine Zeremonie ein.

„Großer Geist. Danke für diesen herrlichen Tag und die Schönheit von Mutter Erde. Danke für das größte Geschenk von allen – unser Leben."

Mit geschlossenen Augen wedelt die Zeremonienmeisterin mit den Federn. Ich bin entspannt und freue mich auf die nächste Lektion.

Die meisten Menschen wollen einfach nur glücklich und zufrieden sein. Wir alle haben schmerzhafte Erfahrungen gemacht, haben Schicksalsschläge zu verkraften oder Schwierigkeiten zu bewältigen. Wir haben die Wahl, was wir loslassen und was wir lebendig behalten wollen. Die Vergangenheit können wir nicht ändern, aber alles kann ein Geschenk und eine Heilung für uns sein. Es liegt an uns, was wir daraus machen.

Wakanhca entzündet ein Bündel Tabak und wedelt den Rauch zu mir über mein Gesicht und meinen Körper. Mit den Federn streicht sie über meine Schultern und meinen Kopf. Den Rauch fängt sie in einer Art umgedrehten Holzschale auf, die an beiden Enden eine Öffnung hat. Es sieht so aus, als wäre der Rauchfang aus einem Ast geschnitzt worden. Er hat zwei gegenüberliegende Öffnungen. Das eine Ende hält sie an meine Nase. Dann bläst sie den Rauch stoßartig in meine Richtung. Als ich einatme, fühlt es sich an, als hätte ich zu schnell ein Eis gegessen. Ich spüre diese Flamme in meinem Kopf, als würde mein Gehirn brennen. Ich stampfe mit den Beinen auf den Boden und öffne meinen Mund. Wakanhca knetet meine Wangen und massiert meine Schläfen. Die Flamme brennt sich durch meinen Körper, als würde sie Dinge aus mir herausreißen. Starke Emotionen durchströmen mich. Ich höre Wakanhca singen.

Ein kurzes, aber beeindruckendes Erlebnis. Ich fühle mich leicht und irgendwie „sauber".

„Jetzt atme tief ein und genieße den Anblick. Dann lass uns in Gedanken mit Bruder Wolf auf die Jagd gehen." Ich folge dem Rat meiner Lehrerin. Meine Lungen füllen sich mit klarer, sauberer Luft. Ehrfürchtig betrachte ich die spektakuläre Wildnis unterhalb unseres Rastplatzes. Während ich mein Amulett durch die Finger gleiten lasse, höre ich Wakanhca aufmerksam zu.

Im Gespräch mit meiner Lehrerin erfahre ich, dass ein Rudel Wölfe immer gemeinsam jagt. Beutetiere wie Elche und Hirsche können sie nur in der Gemeinschaft erlegen. Einzelgänger sind bei der Jagd auf Hasen oder Mäuse angewiesen. Da Wölfe viel Fleisch benötigen, ist es für sie besser, gemeinsam große Beutetiere zu erlegen. Im Winter bei Schneefall haben Wölfe mehr Erfolg beim Jagen von Großwild, weil dieses mit den Hufen im Schnee einsinkt, während Wölfe mit ihren breiten Pfoten wie mit Schneeschuhen laufen. Wölfe fixieren ihr Ziel, dann pirschen sie sich an, jagen die Beute, beißen in das Genick oder den Hals. Wölfe töten schnell.

„Bruder Wolf jagt, um zu überleben und seinen Beitrag am Großen Ganzen zu leisten", erklärt Wakanhca. Anhand der Ausführungen meiner Lehrerin beginne ich zu verstehen, weshalb die Wildpopulation in Gegenden mit Wölfen deutlich gesünder ist als ohne das natürliche Regulativ eines Rudels. Die Jagd dient einzig und allein dem Fortbestand der Familie.

Der Wolf jagt nur, wenn er muss. Risiken wägt er genau ab. Einen Angriff auf gesunde, starke Tiere mag das Rudel verwerfen, um die Gesundheit der Jäger nicht zu gefährden. Als Beute bevorzugen sie kranke und verletzte Tiere. So gewinnt das

Große Ganze. Es heißt, dass die Wölfe an der Körpersprache ihrer Beute einschätzen können, ob das Wild gesund, verletzt oder krank ist.

„Das Rudel arbeitet zusammen. Ohne Worte koordinieren sie den Tanz des Todes", sagt Wakanhca.

„Und ohne eigene Ziele zu verfolgen oder ihrem Ego gerecht zu werden", ergänze ich. Verwundert schaut sie mich an.

Meine Lehrerin erklärt mir, wie sich ein Wolfsrudel organisiert.

Im Rudel kennt jeder seinen Platz und antizipiert seine Rolle. Die Tiere, die wider ihre Begabung versuchen, andere Rollen im Rudel einzunehmen, fallen auf und werden nicht selten zu Einzelgängern. Man könnte meinen, dass sie aufgrund ihrer Unzufriedenheit ihren Platz im Rudel verlieren. Umgekehrt übernehmen alte, begabte Wölfe manchmal die Führung bei der Jagd, vor allem in Situationen, die den Alphas noch nicht bekannt sind. Jedes Tier hat seine Begabungen. Das Rudel setzt sie gezielt ein.

Wölfe erkennen Begabungen und fördern sie bereits bei den Welpen. Ausreichend Freiräume und Anerkennung sind entscheidend, damit die Welpen ihre Fähigkeiten entdecken können. Wenn sie lernen, üben und trainieren, erwächst aus der Begabung Talent.

Obwohl sich Wölfe anhand ihrer Begabungen und Fähigkeiten organisieren, scheitert ein Großteil der Beutezüge. Das liegt im Wesentlichen daran, dass keine Jagd wie die andere ist. Auch die Gejagten versuchen, Wege zu finden, um zu überleben. Die Pläne der Jäger funktionieren nicht immer. Sie müssen überdacht oder angepasst werden.

„Nach einem gescheiterten Angriff heißt es wieder Energie sparen und sich auf einen neuen vorzubereiten", sagt Wakanhca. „Und nicht nach dem Schuldigen zu suchen oder zu meckern", rutscht es mir heraus.

Wakanhca lacht. „Nein, das kommt bei den Tieren meines Wissens nicht vor. Misserfolg und Erfolg gehören zum Alltag der Tiere. Eine wichtige Eigenschaft von erfahrenen Leittieren ist es, eine Situation richtig zu bewerten. Das Rudel vertraut darauf, dass kein unnötiges Risiko eingegangen wird. Wir alle sind das Produkt unserer Entscheidungen. Auch der Wolf." Wakanhca hält inne und blickt in die Ferne.

Nach einer kurzen Pause fährt sie fort: „Wölfe sind bei der Wahl ihrer Geschlechtspartner aufgeregt. Sie entwickeln Gefühle wie Freude, Bindung und Zuneigung. Nach dem Tod eines Rudelmitglieds oder Partners kann man eine Art Trauerverhalten beobachten. Geht es um substanzielle Dinge, dann dürfen diese Entscheidungen nicht leichtfertig getroffen werden. Das Erlegen der Beute dient dem Überleben, nicht der Bereicherung. Der Jäger respektiert die Beute. Nichts wird verschwendet, nichts geht verloren. Was nicht von der Familie gefressen wird, wird für andere Tiere wie Raben oder Füchse zurückgelassen. Die Natur lehrt uns, die Würde und Autonomie aller Tiere anzuerkennen. Wir müssen verstehen, dass Bruder Wolf sowohl Freude, Respekt als auch Leid empfindet."

Ich lege mich auf den Rücken und beobachte die Wolken, die nach und nach zu jagenden Wölfen werden.

Ich bin wohl eingeschlafen. Als ich wach werde, steht Wakanhca schon abmarschbereit am Felsvorsprung. Es scheint, als verschmelze die zierliche Gestalt mit ihrem bunten Umhang und den wehenden Haaren mit ihrer Umgebung. Ich will dieses Bild und das Gefühl der Dankbarkeit in diesem Moment für immer in Erinnerung behalten.

Wakanhca lächelt mich an und fordert mich zum Gehen auf. Wir machen uns auf den Heimweg und reden darüber, wie Dankbarkeit, Talent, Begabungen, Genügsamkeit und der Wunsch nach Balance mit der individuellen Zufriedenheit zusammenhängen.

In Gedanken formuliere ich den Tagebucheintrag für heute. Ich nehme mir vor, mir meiner Begabungen und Talente besser bewusst zu werden.

Ich nehme mir vor, mir stets in Erinnerung zu rufen, wie großartig der menschliche Intellekt ist und welches Potenzial in mir und jedem Geschöpf steckt.

Außerdem werde ich einen ausbalancierten Lebensstil anstreben. Nur zu jagen, wenn man muss, weckt eine interessante Fantasie in mir.

* * *

„Es gibt eine große Verbundenheit.
Alles ist durch Beziehungen,
Netzwerke und Symbiosen miteinander verbunden."

KAPITEL 14

Kooperiere, wenn du kannst

Es regnet und es ist deutlich kühler als die Tage zuvor. Auch wenn das Wetter nicht gerade zu einer Wanderung einlädt, begeben wir uns auf den Weg, um erneut die Wölfe zu beobachten.

Ich nehme den Wald im Regen anders wahr als bisher. Die nassen Blätter erscheinen mir farbiger als sonst. Das gewohnte Zwitschern und Singen der Vögel ist einem unregelmäßigen Tropfen und Platschen gewichen. Der Waldboden schmatzt bei jedem Schritt. Tiere und Pflanzen ruhen, sie sparen Energie. Die Luft ist klar, es riecht nach nasser Erde und feuchtem Holz. Das andere, nasse Gesicht des Waldes fasziniert mich.

Wie lange war ich schon nicht mehr bei schlechtem Wetter im Wald? Das ist sicher schon eine Ewigkeit her. Als Kind war mir jedes Wetter recht, um draußen zu spielen.

Wir treten aus dem Wald. Wakanhca zeigt auf ein paar Raben, die etwa einen Kilometer vor uns in der Luft kreisen. „Wenn du Wölfe suchst, dann blicke in den Himmel", erklärt sie und macht sich in Richtung der Raben auf den Weg. Verdutzt folge ich ihr. Nach wenigen Minuten zeigt mir Wakanhca den ersten Wolf. Ich freue mich, dass wir heute das Rudel wieder beobachten können. Überraschenderweise begegnen wir den Wölfen bereits auf etwa halbem Weg zu ihrem Bau.

„Sind sie auf der Jagd?", frage ich meine Begleiterin.

„Ich denke nicht."

An der Spitze des Rudels tänzeln zwei Jährlinge aufgeregt kreuz und quer durch das Gras. Ich erinnere mich an unser gestriges Gespräch. Das Talent dieser beiden hängt wahrscheinlich mit ihrem Geruchssinn zusammen. Anscheinend folgen sie einer Witterung. Die Alphas flankieren das Rudel je an einer Seite. Der Rest folgt mit etwas Abstand. Etwas weiter vorne kreisen die Raben am grauen Himmel. Wir folgen weit hinter der Nachhut und achten darauf, dass wir ähnlich wie beim Segeln kreuzen und den Wind von vorne spüren.

Nachdem wir einen kleineren Bogen um die Raben gemacht haben als die Wölfe, sind wir vor unseren pelzigen Freunden bei den Vögeln angekommen. Wir suchen uns einen Baum mit dicken Ästen, klettern daran hoch und beziehen unseren heutigen Ausguck.

Die Wölfe sind jetzt beinahe unterhalb der Raben angekommen.

Im Gras liegt der unberührte Kadaver eines Hirsches. Die Wölfe verteilen sich suchend und schnüffelnd, um zu prüfen, ob andere Jäger in der Gegend sind, die die Beute beanspruchen könnten. Das Rudel beobachtet die Vögel, und die Raben beobachten die Wölfe. Ein paar mutige Raben hüpfen um den toten Hirsch. Nervös nähern sie sich, picken auf den Kadaver ein und tapsen wieder zurück. Keiner der Vögel traut sich so richtig heran. So geht das eine Zeit lang, bis sich ein Rabe auf den Hirsch setzt und lauthals verkündet, dass das Tier tot ist und keine Gefahr von ihm ausgeht. Jetzt fliegen die anderen Raben ebenfalls herbei. Wie auf Kommando laufen die Wölfe los und beginnen sofort zu fressen. Es scheint fast so, als hätten die Raben sie hergelockt.

„Raben können unversehrte Körper großer Wildtiere mit ihren Schnäbeln nicht durchdringen. Wolf und Rabe sind Freunde. Sie kooperieren und weisen sich den Weg. Man sieht auch immer wieder Raben, die ein Rudel auf der Jagd begleiten", erklärt mir Wakanhca.

Die Raben schnappen sich umherfliegende Fleischfetzen. Ganz mutige hopsen zur Beute und picken sich selbst ein Stück heraus. Die fressenden Wölfe tolerieren die Raben, solange sie nicht zu nahe kommen. Falls doch, zeigen gefletschte Zähne deutlich, dass etwas mehr Abstand gewünscht wird.

„Bruder Wolf hat gelernt, dass ihn der Schrei der Raben zu Futter führt. Die Raben rufen den Wolf und bitten ihn um Hilfe, die Beute zu zerteilen. Eine Freundschaft mit Nutzen für beide. Ein guter Freund ist jemand, dem man absolut vertrauen kann, und er ist absolut verlässlich. Die Raben wissen, dass vom Wolf keine Gefahr ausgeht, und der Wolf weiß, dass ihn der Rabe nicht in einen Hinterhalt lockt."

Die Worte von Wakanhca rufen mir schmerzlich in Erinnerung, dass ich die Pflege meiner Freundschaften in den letzten Jahren sträflich vernachlässigt habe. Von den vielen Freunden sind wenige geblieben. Mir kommt mein bester Freund in den Sinn. Jedes Mal, wenn wir uns treffen, ist es schön. Unsere Beziehung ist geprägt von Vertrauen, Emotionalität und Innigkeit. Wenn ich jetzt darüber nachdenke, dann waren die letzten Begegnungen davon bestimmt, dass ich mich ausgekotzt habe, was alles in der Firma schiefläuft und wie sehr ich darunter leide. Er hat stets geduldig zugehört, Fragen gestellt, mich kritisiert, angespornt und war für mich da – immer.

Während ich die Gemeinschaft von Wölfen und Raben beobachte, wird mir bewusst, was mir die Beziehung zu meinem besten Freund bedeutet. Akim würde das hier lieben. Früher waren wir fast jedes Wochenende zusammen unterwegs.

„Ein schönes Erlebnis ist noch schöner, wenn wir es zusammen genießen dürfen", pflegte er stets zu sagen, wenn wir einen besonderen, gemeinsamen Moment hatten.

Wie es ihm wohl jetzt gerade geht? Bei Akim darf ich sein, wie ich bin, darf Fehler haben, lachen und weinen, wenn mir danach ist, oder wütend werden. Das ist nicht selbstverständlich und sehr wertvoll. Ich werde mein Bestes geben, diese Freundschaft zu erhalten. Das heutige Thema für den Eintrag in mein Tagebuch ist schnell gefunden. Pflege und achte deine Freundschaften.

Wakanhca holt mich aus meinen Gedanken in die Gegenwart zurück: „Ich bin mir sicher, dass das Große Ganze auf Kooperation und Symbiose aufgebaut ist. Eine tiefe und dauerhafte Vernetzung der Wesen auf Mutter Erde. Der Gedanke der gegenseitigen Unterstützung ist eines der Kernelemente der Lehre des Großen Geistes. Demzufolge können wir nur gedeihen, wenn wir miteinander teilen. Wir überleben durch Familie, Freundschaft und Kooperation. Niemand existiert ganz für sich allein. Jeder hat einen Sinn, alles und jedes ergibt einen Sinn."

„Gehen wir zurück. Ich freue mich auf einen Tee und das wärmende Feuer."

Nass und fröstelnd machen wir uns auf den Weg ins Lager. Ich wünschte, Akim wäre jetzt hier und wir könnten den Tag gemeinsam verarbeiten und reflektieren.

Am Abend schreibe ich in mein Tagebuch:

Zufriedenheit hängt von deinen Beziehungen ab.
Innige Beziehungen erwachsen aus Austausch und
Symbiosen, die beide bereichern.

Pflege und achte deine Freundschaften.
Kooperiere, so oft es geht.

* * *

„Nutze deine Energie
für die wesentlichen Dinge im Leben.

KAPITEL 15

Ruhe dich dazwischen aus

Der gestrige Tag im Regen hat mich viel Energie gekostet. Auch heute regnet es. Meine Kleider sind vom Vortag noch klamm und kalt. Nach der Morgentoilette komme ich zurück in die Hütte. Am Ofen brüht Wakanhca Tee auf. Wir entscheiden, dass wir heute in der Hütte bleiben, und darüber bin ich froh. Die letzten Tage haben mich geistig und körperlich sehr gefordert.

Nach dem Frühstück erledige ich den Abwasch, besorge Feuerholz und Trinkwasser. Später genießen wir das Schweigen und die Stille in der kleinen Hütte, ohne dass es uns unangenehm ist. Außer dem Knacken des Feuers im Ofen und dem Trommeln des Regens auf das Dach ist kein Geräusch zu vernehmen.

Nach einer Weile fragt mich Wakanhca, was ich vermisse. „Speziell heute? Eine heiße Dusche", antworte ich und lächle. „Meine Familie. Und nach den Erkenntnissen von gestern auch meinen Freund."

Ich denke weiter über ihre Frage nach. Das Erste, was mir in den Sinn kommt, ist, dass ich unbedingt meinen Lieben von meinen Erfahrungen und Erlebnissen berichten möchte. Die Veränderungen, die ich durchlebt habe und noch erlebe, wollen geteilt werden. Ich weiß zwar nicht, ob das alles auf Zustimmung treffen wird, vertraue aber darauf, dass meinen Lieben mein Wohlergehen wichtiger ist als die Angst vor der Veränderung.

Welche Konsequenzen meine Erkenntnisse für meine Lebensweise und meine Karriere haben werden, kann ich noch nicht abschätzen, aber es wird sicher eine signifikante Veränderung geben. Vermisse ich substanziell etwas anderes? Nein. Erstaunlicherweise habe ich vielmehr hier an diesem Ort etwas wiedergefunden, von dem mir nicht klar war, dass ich es verloren hatte. An sich hätte ich zu Hause etwas vermissen müssen. Vermutlich war das auch so, allerdings ist der Mangel unterdrückt, betäubt oder ausgeblendet worden. Hilfsmittel dafür gibt es genug. Arbeit, soziale Medien, TV, Medikamente, Alkohol und sonstigen Schnickschnack für temporären Lustgewinn.

Hier fühle ich mich energiegeladen, gesund und fit wie lange nicht mehr. Die Zeit hat Bedeutung und ist geprägt von Frieden und Verbundenheit mit der Natur und mit mir selbst. Ich bin erfüllt von Leichtigkeit und Dankbarkeit.

„Noch vor Wochen wäre es für mich unmöglich gewesen, in einer Hütte zu sitzen und ‚nur‘ zu denken, zu schweigen und zu reden. Vermutlich hätte ich mich selbst als Faulenzer bezeichnet und das alles als Zeitverschwendung tituliert", sage ich, während ich bei dem Wort „nur" Anführungszeichen in die Luft male.

„Wenn du schweigst und denkst, dann bist du spirituell, das hat nichts mit Faulheit zu tun. Die Zeit, die du mit Spiritualität und mit dir selbst verbringst, ist sehr wertvoll. Der Kreis des Lebens kennt die Phasen der Anspannung und die der Entspannung. Das eine gibt es nicht ohne das andere", erklärt Wakanhca.

„Jedes Lebewesen in der Natur folgt diesem simplen Prinzip. Die Natur verschwendet ihre Energie nicht. Sie setzt sie dort ein, wo sie die größte Wirkung erzielt. Auch hier kann dir Bruder Wolf ein wunderbares Vorbild sein. Jage, wenn du musst, spiele, wenn du kannst, und dazwischen ruhe dich aus und genieße die Entspannung und die Nähe deiner Liebsten. Unser Körper ist Teil der Schöpfung. So wie wir die Schöpfung ehren müssen, müssen wir unseren Körper ehren. Die Gesundheit spielt eine wichtige Rolle für unsere innere Zufriedenheit und unser Glücksempfinden. Vor allem schwere Krankheit und psychische Erkrankungen sind verantwortlich für viel Leid auf der Welt. Und, mein lieber Freund: Gesundheit ist weit mehr als die Abwesenheit von Krankheit." Meine Lehrerin macht eine Redepause. Ihre Worte hallen in meinen Gedanken nach.

Ich erinnere mich daran, was mir ein befreundeter Arzt mal gesagt hat:

Mit der Gesundheit ist es wie mit Klopapier – wenn man es braucht, braucht man es dringend! Als gesunder Mensch hast du tausend Wünsche, als kranker Mensch einen.

Auf die Gesundheit zu achten, war für mich in jungen Jahren begrenzt auf die körperliche Fitness. Mit Sport oder ausreichend Bewegung war das Gesundheit-Soll erfüllt. Mit steigendem Alter habe ich verstanden, dass auch die richtige Ernährung ein Grundstoff für eine robuste Gesundheit ist. Die Physis hatte bis dato keine Rolle in meiner Wahrnehmung der Gesundheit gespielt.

„Wo immer du bist, was immer du tust, achte auf dich und Mutter Erde. Jeder von uns ist Teil des Ganzen. Das ist es, was uns Energie und Kraft verleiht. Wenn du in der Natur bist, sie erlebst, spürst, riechst und fühlst, dann merkst du, dass du Teil der Schöpfung bist und dass alles im Gleichgewicht ist.“

„Das erlebe ich jetzt gerade hier mit dir. Diese Momente der Spiritualität und Ruhe beleben meinen Geist und bringen mir Ruhe und Entspannung.“

Wakanhca freut sich sichtlich über meine Worte. Strahlend erklärt sie: „Alle Einflüsse, die von außen auf die Geschöpfe von Mutter Erde zukommen und psychisch auf sie einwirken, können zur Entspannung und zum Gleichgewicht werden. Sie können allerdings ebenso zur Belastung werden, wenn es sich um Überreizung, Bösartigkeit, Lärm und die verletzende Energie handelt. Wir haben hervorragende Sinne, die es uns erlauben, den ursprünglichen Lebensraum ganzheitlich zu erfassen und zu genießen. Das geheime Band zur Natur ist nicht zerrissen; wir haben es nur allzu lange ignoriert und anderen Dingen den Vorzug gegeben. Was wir begreifen müssen, ist, dass der Schutz von Mutter Natur vor allem eines ist: Selbstfürsorge.“

Wakanhca blickt mich an. Ich habe das Gefühl, sie sieht direkt in mein Herz. Das zufriedene Leuchten und das kämpferische Funkeln ihrer Augen passen nicht zu den Falten und Furchen, die sie umgeben. Woher nimmt diese Frau so viel Kraft? Ich denke, ich kenne die Antwort.

Ich nehme mein Notizbuch zur Hand und beginne zu schreiben.

Finde Entspannung in der Kraft der Natur.
Lerne, zu unterscheiden, zwischen dem, was ich will,
und dem, was von mir verlangt wird.
Achte auf das Gleichgewicht.
Gönne dir Ruhepausen.
Achte auf deinen Körper und deine Gesundheit.

* * *

„Alles und jeder hat Bedeutung –
eine der mächtigsten Kräfte für
Innovation und Erneuerung steckt in der Vielfalt."

Ralf Schollenberger.

KAPITEL 16

Hinterlasse Spuren

Die letzten drei Tage haben wir das Rudel nicht angetroffen. Wir haben weitere spirituelle Rituale vollzogen. Wakanhca hat mir bei unseren Wanderungen viel über die Natur und das Zusammenspiel von Pflanzen und Tieren erzählt. Ich habe wunderbare Momente des Verstehens, aber auch des Gehörtwerdens erlebt.

Meine Begegnung mit der Natur wird immer mehr eine Begegnung mit mir selbst. Keine Wanderung ohne intensives Sehen, Hören, Riechen, Schmecken und Tasten. Von Mal zu Mal habe ich das Gefühl, dass sich mein neuer sechster Sinn ausprägt. Mein Gespür für Veränderung des Wetters oder für Gefahren hat sich, subjektiv gesehen zumindest, geschärft. Ich werte das als Befähigung, die Wahrnehmungen der fünf Sinne anders oder besser verarbeiten zu können. Hinzu kommt, dass mein Bewusstsein den Reizen einen neuen Kontext geben kann.

Heute haben wir das Rudel mit sicherem Abstand beobachten können. Wir haben versucht, ihm eine Zeitlang zu folgen, mussten dann aber mit Rücksicht auf den langen Heimweg den Kontakt abbrechen lassen.

Wakanhca hat mir erklärt, dass Wölfe in einem festen Territorium leben. Sie markieren ihr Land, ihre Heimat mit Urin, Kot und Scharren. Die Leittiere markieren im Wechsel. Das zeigt Zusammenhalt und Gleichberechtigung der Alphas. „Dadurch geben sie allen zu verstehen, dass sie in diesem Revier für das Gleichgewicht des Großen Geistes sorgen", sagt Wakanhca. „Hier suchen sie Schutz, hier leben sie mit der Familie, hier finden sie Nahrung, und hier werden sie wieder Teil des Kreises nach ihrem Tod. Ein Sprichwort sagt: Deine Heimat ist nicht da, wo du die Bäume kennst, sondern da, wo die Bäume dich kennen." Wakanhca streicht mit ihrer runzeligen Hand über die Rinde eines

Baumes und lächelt. Es wirkt wie die Berührung alter Freunde beim Wiedersehen.

Meine weise Freundin erklärt mir, dass der Legende nach das Kraftfeld von Mutter Erde schon vor der Geburt auf die Welpen übergeht. Es heißt, dass sie so die Verstecke, Wasserquellen und Jagdgebiete übertragen bekommen. Mit dem Streifzug durch das Revier wird diese Verbindung erneuert. Es geht darum, Spuren zu hinterlassen, die für Gleichgewicht sorgen. Dies sind Spuren der Liebe und der Vielfalt.

Jedes Tier hat seine Stärken und Schwächen, mit denen es der Familie hilft. Immer geht es um Respekt und Begabung. Es gibt keine Hinweise darauf, dass die Farbe des Fells oder die Neigungen bei den Wölfen eine Rolle spielen. Warum auch? Die Natur ist immer dann erfolgreich, wenn Vielfalt eine Chance bekommt. Vielfalt hilft, die Welt besser zu verstehen. Kernkompetenzen wie Problemlösung, Durchsetzungsstärke und Kreativität sind stets dann am stärksten, wenn wir möglichst viele verschiedene Blickwinkel und Talente zusammenbringen.

Mir scheint, da ist uns der Wolf einiges voraus. „Grundsätzlich sind alle Wesen weder gut noch schlecht", fährt sie fort. „Entscheidend ist vielmehr, welches Talent und welche Begabung zum Wohle der Familie und des Großen Ganzen eingebracht werden können. Das erfordert die Bereitschaft des Rudels, alle so anzuerkennen, wie sie sind, und jeden gemäß seiner Befähigung handeln zu lassen. Damit gelingt es, die vorhandene Energie auf die gemeinsamen Ziele zu richten, anstatt sie im Streit untereinander zu verschwenden."

„Wieso gibt es dann trotzdem gute oder schlechte Wesen?", möchte ich wissen.

„Was für den einen gut ist, muss für den anderen nicht erstrebenswert sein. Es gibt einen Unterschied zwischen der persönlichen Neigung und dem, was allgemein als gut erscheint. Wer etwas Gutes tun möchte, der tut dies, weil er sich dadurch Zufriedenheit und Bedeutung erhofft. Zufriedenheit kann ich sowohl in dem finden, was meiner Neigung entspricht, als auch in dem, was allgemein und grundsätzlich als Wohltat gilt."

„Du unterscheidest demnach das allgemeine Gute von deinem Guten."

„Mein Gutes muss nicht zwingend gut für andere sein. Nehmen wir an, du gewinnst in der Lotterie. Es ist so viel, dass du es selbst nicht ausgeben kannst. Du schenkst einer bedürftigen Person einen Teil davon. Das würde gemeinhin als gute Tat gesehen werden. Was aber, wenn sie nicht mit Geld umgehen kann und durch den unerwarteten Reichtum aufhört zu arbeiten, Drogen nimmt oder mit ihrem neuen Sportwagen, den sie sich nur von deinem Geld leisten konnte, einen Unfall baut. Eine Tragödie in Folge deiner guten Tat."

Mein Weltbild ist geprägt von Gut und Böse. Gewichtet nach einer „Entweder-oder-Hierarchie" des Üblen und des Positiven. Ein, aus meiner Sicht, einleuchtendes Schwarz-Weiß-Gut-Böse-Schema. Kann das Bestand halten, wenn alle Wesen weder gut noch böse sind? Fast alle Menschen, die ich kenne, neigen dazu sich selbst als „gut" anzusehen. Trotzdem gibt es so viel Elend und Ungerechtigkeit in der Welt – auch in deren Umfeld. Zum Beispiel finden alle Umweltschutz gut, wollen aber nur ungern darauf verzichten, in den Urlaub zu fliegen. Wir verwenden oft unterschiedliche Maßstäbe, wenn es darum geht, uns selbst zu beurteilen, was häufig zu einer verzerrten Wahrnehmung der Realität führen kann. Ich nehme mich da nicht aus. Die Verantwortung abzuwälzen, ist einfacher, als sie zu übernehmen.

Da es keine eindeutigen Richtlinien oder Maßstäbe gibt, um zu bestimmen, was als gut oder böse angesehen wird, liegt es in der Verantwortung jedes Einzelnen, zwischen verschiedenen Handlungen, Verpflichtungen, Zielen und Gefühlen abzuwägen und Entscheidungen zu treffen, auch wenn sie sich manchmal als widersprüchlich oder unvereinbar erweisen. Diese Entscheidungen basieren auf Denkmustern, gesellschaftlichen Zwängen und gelerntem Verhalten. Das Gleichgewicht des Lebens spielt dabei eine immer geringer werdende Rolle. Ich fange an zu begreifen, auf was sie hinauswill.

Wenn Gut und Böse nur subjektive Eindrücke sind, die durch individuelle Erfahrungen und Prägungen entstanden sind, so ist es nicht verwunderlich, dass Gutes nicht für jeden gut und Böses nicht für jeden böse ist.

Dass es trotzdem so etwas wie einen einheitlichen moralischen Kompass gibt, könnte am Einfluss der Religionen liegen. Theologische Lehren geben einer breiten Masse Regeln, Werte und moralische Leitlinien vor. Demnach ist unser Handeln aufgebaut auf das, was wir glauben oder meinen zu wissen.

„Gibt es denn das Gute überhaupt?", möchte ich wissen. „Das Gute in Form einer kosmischen, gemeingültigen Spielregel wohl eher nicht. Es gibt Entscheidungen, die getroffen werden müssen, und es gibt die Liebe. Ich habe für mich herausgefunden, dass je einfacher ich lebe, desto einfacher fällt es mir, Entscheidungen zu treffen. Je weniger Wohlstand und Technik mich umgeben, desto leichter ist es für mich, eine Richtung zu finden, die mir das Gefühl von Gleichgewicht gibt."

Ich vermute, dass das Ideal des Guten unerreichbar ist. Während ich hier sitze, kann ich nicht die Zeit bei meiner Familie verbringen oder den längst überfälligen Besuch bei meinem Freund machen. Der Aufenthalt hier ist für mich gut und schlecht zugleich. Was die richtige Entscheidung ist, muss von Situation zu Situation neu bewertet werden.

„So, wie ich das sehe, ist dein Leitmotiv das Vertrauen in das Große Ganze und die Liebe", sage ich. Wakanhca nickt.

Die Lebensweise der Menschen und die Gesetze der Natur sind miteinander in Konflikt geraten. Die alten, überlieferten Ansichten und Religionen überzeugen die Menschen nicht mehr. Gewichtung und Bewertung unterliegen neuen Motiven. Für mich kann ich feststellen, dass das Abwälzen der Verantwortung zu keinem zufriedenstellenden Ergebnis führt. Ich werde lernen müssen, meine Entscheidungen neu oder zumindest anders als bisher zu bedenken. Dosiert, angemessen und mit Liebe. Kann das funktionieren?

Wakanhca dreht sich zu mir. „Was wirst du heute in dein Tagebuch schreiben, Fliegender Wolf?"

„Das weiß ich noch nicht. Bisher hatte ich immer gedacht, dass ich Spuren hinterlasse, wenn ich etwas verändere oder einer Sache meinen Stempel aufdrücke. Wenn ich dich richtig verstanden habe, dann hinterlässt Bruder Wolf seine Spuren eher, um zu bewahren. Er achtet jeden und alles und sorgt zugleich dafür, dass alles in Verbindung bleibt. Er teilt nicht in Gut und Böse ein, sondern in notwendig und sinnlos. Was mich besonders beeindruckt hat, ist der sorgsame Umgang mit einem Gleichgewicht sowie die Kraft und Energie, die aus Vielfalt entsteht."

Vor dem Schlafengehen lese ich mir Ausschnitte des heutigen Eintrags in mein Tagebuch noch einmal durch:

Hinterlasse deine Spuren (Gleichgewicht), ohne Spuren (Narben, Abfall, Schmerzen) zu hinterlassen.

Nutze die Vielfalt und die sich daraus ergebenden Perspektiven.

Frage dich bei deinen Entscheidungen stets: Was würde die Liebe tun?

Triff deine Entscheidungen so, dass das Gleichgewicht sich entfalten kann.

Jeder und alles hat Bedeutung.
Sei dir deiner Bedeutung bewusst.

Unterstütze das Große Ganze dabei, in Balance zu bleiben.

* * *

„Liebe will nichts von dem anderen,
sie will alles für den anderen."

KAPITEL 17

Teile deine Zuneigung

Wir sitzen auf einer Anhöhe unweit des Wolfsbaus und beobachten das Rudel. Inzwischen tolerieren die Leittiere unsere Anwesenheit. Zwei neugierige Welpen haben mehrfach versucht, in unsere Richtung zu laufen. Das wurde allerdings klar und unmissverständlich unterbunden. So weit reicht das Vertrauen in uns Zweibeiner nun auch wieder nicht.

Neugierde gehört zum Spiel von Wolfswelpen. Alles ist spannend und Auslöser von Staunen und Lernen. Ich habe beobachtet, dass die Tiere, ob jung oder alt, nichts für selbstverständlich hinnehmen. Sie alle gehen gerne den Dingen auf den Grund. Die Faszination, mit der sie ständig den Wundern und Rätseln der Natur begegnen, ist erstaunlich und bewundernswert zugleich.

Das Rudel strahlt heute eine besondere Ruhe und Harmonie aus. Es macht mich glücklich zu sehen, wie respektvoll und mit welch großer Liebe die Tiere miteinander umgehen.

In meinem Bekanntenkreis wird die Liebe oder eine Partnerschaft häufig als eine Art Tauschgeschäft angesehen. Ich erfülle deine Erwartungen und du die meinen, so oder ähnlich lautet die Formel vieler Beziehungen. Ich bin schon immer ein Romantiker gewesen. Natürlich geht es in einer Partnerschaft um Respekt und Erwartungen. Dennoch ist da für mich mehr. Zum Beispiel das Gefühl der Dankbarkeit für die Nähe und Zuneigung des Partners, das beide spüren, wenn sie zusammen sind.

Jetzt sehe ich diese dankbare Nähe bei den Wölfen. Ich bin sicher, Liebe ist weit mehr als ein gesellschaftlicher Code oder ein Deal zwischen Individuen. Die beiden Leitwölfe liegen eng aneinander zusammengerollt in der Sonne. Auch die anderen Tiere liegen in den Gruppen, in denen sie vorher gespielt haben, beieinander. Ein gewaltiger Fellhaufen, aus dem hier und da eine

Schnauze oder eine Pfote hervorschaut. Der Zusammenhalt der Wölfe und die Zuneigung beim Spiel sowie in den Ruhephasen ist bemerkenswert, und das nicht nur untereinander, sondern auch gegenüber ihrer Umwelt.

Einer der Welpen ist offensichtlich noch nicht müde. Ein Schmetterling, der von Blume zu Blume fliegt, hat seine Neugierde geweckt. Der Welpe neigt den Kopf und stupst den Falter mit der Schnauze an. Der flattert zur nächsten Blüte. Begeistert hüpft der kleine Wolf hinterher und freut sich über das Schauspiel.

„Wie denkst du über die Liebe, Wakanhca?"

„Die Liebe? Das ist die wichtigste Kraft im Universum, mein Junge. Die Liebe ist von Geburt an in uns. Sie ist ein elementarer Baustein für Glück und Zufriedenheit.

Du musst dich selbst lieben, mit all deinen Stärken und Schwächen, um andere oder anderes lieben zu können. Das ist die größte Herausforderung, an der viele Menschen scheitern.

Die Liebe sollte unabhängig davon sein, ob man jemanden oder etwas mag. Alle Lebewesen wollen von Geburt an geliebt werden und glücklich sein. Genau wie du und ich haben alle Wesen das Recht, dass dieser Wunsch in Erfüllung geht. Es gibt Dinge, die alle Lebewesen verbinden.

Wir alle haben Körper, Geist und Gefühle.

Wir alle wurden von einer Mutter geboren.

Wir alle sind Teil des Großen Ganzen.

Wir alle werden eines Tages die Welt wieder verlassen. Jeder möchte bis dahin ein glückliches, friedvolles Leben führen.

In der Natur ist die Weiblichkeit genauso essenziell für das Überleben einer Spezies wie die Männlichkeit. Eine gesunde Liebesbeziehung basiert auf dem Gleichgewicht zwischen femininer und maskuliner Energie. Maskuline Energie steht für Aktionismus, Unabhängigkeit und Umbruch – feminine Energie für Elemente wie Fürsorge, Kooperation und Nachhaltigkeit. Diese beiden Kräfte können von jedem Organismus verkörpert werden, und zwar unabhängig vom biologischen oder sozialen Geschlecht. Diese Kräfte stehen nicht im Widerspruch – sie ergänzen sich und bilden einen Kreis.

Schon aus Respekt vor der Schöpfung und vor uns selbst müssen wir anderen Wesen mit der Haltung begegnen, dass wir alle denselben Weg des Kreises gehen. Das ist der Weg, der uns am Ende miteinander verbindet und seit jeher verbunden hat.

Ich für meinen Teil kann sagen, dass ich mich liebe, meine Familie, alle Geschöpfe, die Natur, die Tierwesen und den Kreis des Lebens." Wakanhca deutet mit ihrem Kinn in Richtung der Wölfe. „Bruder Wolf scheint das auch so zu sehen."

Ich sehe zu den Wolfsknäueln hinüber und verfasse im Geiste den Eintrag in mein Tagebuch.

> *Wenn wir in Liebe zu Mensch und Tier und in Einklang mit der Natur leben wollen, müssen wir uns selbst lieben und dem Pfad der Liebe folgen, indem wir auf das Gleichgewicht zwischen femininer und maskuliner Energie vertrauen.*

* * *

*„Frieden [...] ist allgemein definiert
als ein heilsamer Zustand der Stille oder Ruhe,
als die Abwesenheit von Störung oder
Beunruhigung und besonders von Krieg."*

**Quelle: https://de.wikipedia.org/wiki/Frieden
(20. Juni 2023)**

KAPITEL 18

Gib deinen Gefühlen Ausdruck und lebe in Frieden

Die Sonne scheint. Die Wiesen sind nass vom Morgentau. Über Wäldern und Bergen hängen vereinzelte Nebelfetzen. Ein Lied summend geht Wakanhca ein paar Meter vor mir her. Plötzlich verstummt sie und bleibt stehen, bis ich zu ihr aufschließe. Wortlos deutet sie auf einen abgestorbenen Baum. Darauf sitzt still ein stattlicher Falke. Er scheint uns zu beobachten.

„Dein Krafttier zeigt sich. Ich sagte dir bereits, dass der Falke ein Bote zwischen der Spiritualität und der hiesigen Welt ist. Er sorgt dafür, dass sich dir neue Perspektiven eröffnen, und er bringt dir Klarheit. Nimm seinen Überblick, seine Ausdauer und seine Schnelligkeit zum Vorbild. Der Falke kommt zu dir, wenn du etwas Entscheidendes erkennen sollst, und er hilft dir, eine wichtige Veränderung in deinem Leben einzuleiten. Er erwartet von dir, dass du deine Seele für das Große Ganze öffnest. Gelingt dir das, dann findest du die wahre Bedeutung deines Lebens", sagt Wakanhca und atmet tief ein und aus.

Die letzten Tage waren spannend und ereignisreich. Ich habe viel über mich und das Leben lernen dürfen. Ich schließe die Augen und atme ebenfalls tief ein und aus. Die klare, kalte Luft fühlt sich herrlich an. Was brauche ich? Was ist gut für mich und was nicht? Welche Potenziale schlummern ungenutzt in mir? Wohin führt mich der Weg? Mir ist einiges klar geworden, und dennoch fühlt es sich noch nicht vollständig an.

Der Falke und ich sehen uns in die Augen. Während ich weitergehe, bleibt er sitzen und sieht mir nach. Ich löse den Blick von ihm und gehe schweigend weiter in Richtung Wolfsbau. Den Rest des Weges rekapituliere ich die Erkenntnisse der letzten Tage. Es hat sich einiges aufgestaut. Ich weiß nicht so recht, wie ich mit all der Selbsterkenntnis umgehen soll. Es geht mir ein bisschen wie einem Kochtopf, dessen Deckel anfängt zu wackeln, wenn das Wasser kocht und der Druck steigt. Ich will und werde neue Wege beschreiten. Trotzdem hemmt mich noch die Sorge vor den Konsequenzen.

Wakanhca summt munter wieder vor sich hin. Sie scheint irgendwie erleichtert zu sein.

Eines der Leittiere, die Fähe, steht auf dem Felsen über dem Bau. Ihr dunkles Fell und ihr Schweif wehen im Wind. In Gedanken begrüße ich meine haarige Freundin und bin dankbar dafür, dass sie uns an ihrem Leben teilhaben lässt.

Der Rüde spielt mit den Welpen. Die letzten Tage haben gezeigt, dass er ein leidenschaftlicher Vater und verrückt nach seinen Kindern ist. Er spielt und ringt übermütig mit den Kleinsten des Rudels. Die Kleinen springen auf ihn, beißen ihn. Er gibt vor, unterlegen zu sein, lässt sich auf den Rücken fallen. Die Kleinen quietschen vor Freude und wedeln mit dem Schwanz, so dass sich der ganze Körper windet. Ich finde es erstaunlich, dass er begreift, wie sein Verhalten – in diesem Fall den Unterlegenen zu spielen – von den anderen verstanden wird. So lernen die kleinen Racker, wie es sich anfühlt, Erfolg zu haben.

Inzwischen ist die Fähe vom Felsen gestiegen und hat sich zu den anderen gesellt.

Mir ist aufgefallen, dass die Elterntiere grundsätzlich etwas mehr Platz um sich herum beanspruchen. Außer beim Spiel mit den Welpen. Wakanhca scheint meine Gedanken zu lesen: „Die Körpersprache von Bruder Wolf ist von zentraler Bedeutung."

Blickkontakt, Haltung, die Position sowie Bewegung der Rute und das Zeigen der Zähne sind mir als Erstes aufgefallen. Die Wölfe lösen Konflikte innerhalb des Rudels vor allem mit dem Ausdruck ihrer Gefühle. Sie kommunizieren, indem sie Körpersprache mit Lauten kombinieren: Knurren, Heulen, Jaulen, Bellen, Winseln.

Es gibt klare Ansagen und Beschwichtigungsgesten, aktive Unterwerfung oder passive Unterwerfung. Ich bilde mir ein, dass ich inzwischen schon die Stimmung der Tiere an ihrer Haltung und am Verhalten erkennen kann. Auch Wölfe haben Tage, da wollen sie ihre Ruhe haben. An anderen sind sie übermütig.

Die Leitwölfin nähert sich der spielenden Bande. Einer der Welpen rennt auf sie zu und springt ungestüm und offensichtlich zu wild für Mama auf ihre Seite. Sie weist die Welpen zurück und fordert ihren Freiraum ein. Der Kleine und die anderen Wölfe respektieren das.

Mich beeindruckt, dass diese Offenlegung der Gefühle bei den Wölfen funktioniert. Wenn ich mal schlecht gelaunt bin, dann versuche ich meistens, meine Gefühle zu verbergen. Vor allem bei der Arbeit. Da wird erwartet, dass man funktioniert. Bei den Wölfen gibt es keinen, der dich ungefragt aufmuntern will. Die Chefin ist schlecht gelaunt, lassen wir sie in Ruhe und gehen spielen oder schlafen ein bisschen. Sie will ja auch gerade schlecht gelaunt sein, und das ist in Ordnung so. Alle wissen: Das geht vorbei. „Wölfe vermeiden Aggressionen, Konflikte und Kämpfe so weit wie möglich. Es geht ihnen beim Zusammenleben darum, in Frieden mit sich selbst zu leben und im Kreise ihrer Familie ein friedliches Umfeld zu haben", erklärt meine weise Freundin.

Einer der Wölfe fängt unvermittelt an zu heulen. Nach und nach stimmen die anderen ein. Dann stehen fast alle Wölfe, ob groß oder klein, da und heulen mit langgestrecktem Hals, was das Zeug hält. Wir hören die unterschiedlichsten Tonlagen. Manche tief und gutural, andere mehr kreischend aufgeregt. Wakanhca legt ihren Kopf in den Nacken und beginnt zu heulen. Ich tue es ihr gleich. Was für eine Energie. Das Ganze steigert sich bis zu einem lautstarken Finale, das ebenso schnell endet, wie es begonnen hat. Die Alphas blicken zu uns herüber, als bedankten sie sich für die Unterstützung.

„Das gemeinsame Heulen dient der Festigung der Familie. Bruder Wolf zeigt stets seine wahren Gefühle und teilt sie mit denen, die er liebt. Das ist ein Ritual des Friedens. Es sagt allen, die es hören, dass diese Familie in Einklang und Zusammenhalt lebt und dass dies auch so bleiben soll", erklärt Wakanhca.

Ich durfte hier bei diesen wunderbaren Geschöpfen in dieser traumhaften Landschaft Altbekanntes und überraschend

Neues über mich, die Natur und das Leben an sich lernen. Ich habe inzwischen akzeptiert, dass die meisten Geheimnisse der Schöpfung jenseits meiner rationalen Vorstellungskraft liegen. Jetzt, nach dem gemeinsamen Heulen mit den Wölfen, fühle ich mich großartig. Ich breite meine Arme aus, lege meinen Kopf in den Nacken und atme tief ein und aus. Ich höre den Schrei eines Falken und öffne die Augen. Der Vogel steht einige Meter über uns in der Luft.

„Zeit zu gehen", höre ich Wakanhca sagen. "Ja, es ist schon spät. Lass uns ins Lager zurückgehen", erwidere ich.

„Nein, Fliegender Wolf, das meinte ich nicht. Es ist Zeit für dich, nach Hause zu gehen. Du hast gefunden, wonach du gesucht hast."

* * *

„Eine der ersten Formen,
die das Leben schuf,
war der Kreis."

Weisheit der First Nation,
Stamm der Hopi.

KAPITEL 19

Der große Kreis

Ich halte meinen Atem an, als ob ich so auch die Zeit anhalten könnte. Wakanhca lächelt mich an, berührt sanft meine Schulter und sagt: „Ich gehe schon mal vor, sag Bruder Wolf auf Wiedersehen."

Das kommt für mich überraschend und unerwartet.

Ich schaue mir jeden der Wölfe zum Abschied nochmal an. In Gedanken sage ich ihnen Lebewohl. Den meisten von ihnen ist das gleichgültig. Sie merken nicht einmal, dass ich mich umdrehe und mich auf meine Heimreise begebe. Eine spannende und hoffnungsvolle Reise, die hier und jetzt beginnt. In mir herrscht Gefühlschaos. Freude, Dankbarkeit, Glück, Traurigkeit wechseln sich im Sekundentakt ab.

Bevor wir außer Sichtweite des Wolfsbaues sind, drehe ich mich noch ein letztes Mal um. Die Fähe ist uns ein Stück weit gefolgt. Ich hebe die Hand zum Gruß, ehe sie sich umdreht und zurück zu ihrer Familie geht. Das werde ich jetzt auch machen – zurück zu meiner Familie gehen.

Wieder am Haus von Wakanhca angekommen, verabreden wir uns für den Abend bei ihr zu einer Abschiedszeremonie. Wakanhca hat über Funk dafür gesorgt, dass ich morgen früh abgeholt und zu meinem Auto gebracht werde.

Nach dem gemeinsamen Abendessen setzen wir uns vor dem Kaminfeuer auf einen aufwändig geknüpften, bunten Teppich. Wakanhca entzündet ein Bündel Kräuter und fächert mit Federn den Rauch über meinen Körper, während sie Worte murmelt, die ich nicht verstehe. Sie legt das glimmende Kräuterbündel in eine Schale und nimmt eine Felltrommel in die linke Hand. An der Rechten trägt meine Zeremonienmeisterin ein Armband mit Glöckchen. Sie trommelt einen Rhythmus, der mich an meinen Herzschlag erinnert. Ich schließe die Augen und genieße den Moment.

Die Trommel verstummt. Ich höre Wakanhca sagen: „Ich bin stolz auf dich, mein Junge. Du hast erkannt, dass es einen Unterschied macht, was wir tun und wie wir es tun. Alles ist eins. Alles kann gut sein. Der Mensch bedroht mit seinem Eingreifen in die Natur die Idee der Freiheit an sich. Das da draußen ist nicht irgendein abstrakter Freizeitpark zum wirtschaftlichen Ausbeuten, Wandern oder Konsumieren. Da draußen, das ist der Ort, an dem und von dem wir leben. Wir brauchen eine intakte Welt im Gleichgewicht, um fortbestehen zu können. Mutter Erde ist die Grundlage, auf der das Leben basiert. Es sind die Zusammenhänge im Boden, die Pflanzen und Tiere auf dem Land, im Wasser und in der Luft, die das Große Ganze ausmachen. Die Balance des Lebens muss als Basis für unsere Entscheidungen dienen. Unser Bruder Wolf zeigt uns, wie das gehen kann."

Ich stimme meiner Lehrerin zu. Das Verhalten der Wölfe hat mich viel über ein selbstbestimmtes und zufriedenes Leben gelehrt. Ein solches zu führen, wird nicht immer einfach sein. Es wird gute und schlechte Tage geben, Glück und Trauer, aber ich nehme mir vor, dass mein künftiges Leben getragen wird von Liebe, Frieden und einer ansteckenden Freude am Hier und Jetzt. Ich bin außerordentlich dankbar, dies alles erlebt zu haben. Das komplexe Sozialverhalten der Wölfe zu beobachten, hat mich bereichert, berührt und verändert. Begriffe wie Frieden, Moral, Spiritualität, Verantwortung, Familie und Liebe haben für mich einen neuen Sinn bekommen. Die Wölfe sind die Quelle meiner Erneuerungskraft und Inspiration. Sie haben mich gelehrt, das Große Ganze zu sehen – jeden Tag von Neuem. Dafür bin ich dankbar, unendlich dankbar.

„Wenn die Menschheit überleben will, so liegt es an den Menschen aller Rassen, Religionen und Nationen zu erwachen und zu erkennen, wo wir vom Pfad des Lebens abgekommen sind. Wir dürfen die Hoffnung nicht aufgeben. Wer seine Hoffnung sterben lässt, der muss seine Zukunft begraben." Wakanhca malt mit ihrem Zeigefinger eine Acht auf meine Brust.

„Die Natur ist ein System, in dem auf wunderbare Weise alles mit allem verwoben ist. Du hast erlebt, wie alles zusammenhängt, auch wenn es sich nicht immer erklären lässt. Und dennoch, es funktioniert. Jeder einzelne Baum des Waldes, jedes Lebewesen hat Bedeutung und eine Aufgabe. Es ist die Komplexität und die Vielfalt an Pflanzen, Tieren und Kleinstlebewesen, die umso produktiver und kreativer agieren, je bunter sie zusammengesetzt sind. Die Natur schenkt uns acht Lehren; Lektionen, aus denen wir lernen müssen. Beschließe deinen Aufenthalt hier, indem du jetzt die acht Lektionen niederschreibst. Jeder dieser acht Lehren bist du hier begegnet."

Ich nehme mein Tagebuch und beginne die wichtigsten Botschaften meiner lieben Lehrerin aufzuschreiben, während sie eine einfache Melodie auf ihrer Flöte spielt. Ich wünsche mir, die Erlebnisse und Bilder dieser Tage in dieser Niederschrift konservieren zu können. Vor meinem geistigen Auge sehe ich Berge, Wälder und die Wölfe. Ich spüre Wärme, Liebe und Zuversicht gepaart mit Dankbarkeit.

1. Vertraue auf das Große Ganze und erlebe die **Fröhlichkeit** und **Leichtigkeit** im Einklang mit der Natur. Folge deinem Herzen. Spiele und genieße die Zeit, wann immer du kannst. Erlebe die Welt stets neu, indem du deine Augen für die Rätsel und Wunder der Natur öffnest.

2. Achte auf deine **Familie**. Unterweise die Jungen, respektiere die Alten. Alles und jeder hat einen Wert. Alles und jeder verdient Respekt sowie Anerkennung. In der Natur herrscht ein harmonisches Gleichgewicht zwischen femininer und maskuliner Energie. Diese gilt es zu bewahren, in jedem und allem.

3. Nutze deine **Begabung**, um dem Großen Ganzen zu dienen. Der Wolf jagt nur, wenn er muss, und nicht, um zu zeigen, wie gut er jagen kann, oder um mehr zu haben als andere. Die Natur verschwendet ihre Energie nicht. Sie setzt sie dort ein, wo sie die größte Wirkung erzielt. Finde deinen inneren

Frieden und lass dich von ihm tragen. Du bist genau so richtig, wie du bist. Das ist deine Bestimmung.

4. Kümmere dich um deine **Freunde**. Die Wölfe haben uns gezeigt, dass ein kooperierendes Rudel erfolgreicher ist. Auch die Partnerschaft mit den Raben lehrt uns, dass wir Freunde brauchen. Menschen sind zufriedener, wenn sie miteinander kooperieren. Wir wachsen mit guten Freunden. Niemand existiert ganz für sich allein.

5. Der Geist, die Seele und der Körper müssen gesund sein, daher sorge dich um dein **Wohlbefinden und deine Gesundheit**. Sorge für ausreichend Ruhe, so wie es Bruder Wolf macht. Hohe Anspannung fordert tiefe Entspannung. Bewahre dir deine Energie für die wirklich wichtigen Dinge im Leben. So kannst du auch eine Krise als Neuanfang verstehen.

6. Jeder hat einen Platz in dieser Welt. Alles und jeder hat eine **Bedeutung**. Diversität stärkt jede Art von System. Mache es wie Bruder Wolf: Hinterlasse deine Spuren mit Respekt vor allem und jedem. Gib deinem Leben eine Richtung und übernimm Verantwortung für dein Dasein. Vielfalt hilft uns, die Welt besser zu verstehen. Wenn wir möglichst viele verschiedene Blickwinkel zusammenbringen, sind wir am kreativsten, lösen am ehesten Probleme und durchschauen Zusammenhänge leichter.

7. Sorge für Frieden und schließe **Frieden** mit dir selbst. Gib deinen Gefühlen Ausdruck und agiere mit Fairness, Klarheit und Respekt für ein friedvolles Miteinander. Alles in der Welt ist durch Netzwerke und Symbiosen miteinander verbunden. Der Gedanke der gegenseitigen Unterstützung ist eines der Kernelemente des Lebens.

8. Die größte Kraft der Welt ist die **Liebe**. Sie verbindet, treibt an und heilt. Teile deine Zuneigung so, wie es uns Bruder

Wolf vormacht. Die Liebe ist, anders als Hass und Abneigung, ein Gefühl, das von Geburt an da ist. Alles und jeder ist es wert, geliebt zu werden. Besonders wichtig ist, dass du dich selbst liebst oder lieben lernst.

Ich habe aufgehört zu schreiben. Wir verharren in Stille. Bis Wakanhca meine Hand nimmt und sagt: „Das Leben braucht Verantwortungsbewusstsein, Teamfähigkeit, Loyalität, Kooperation und Diversität. Alles folgt einem Kreis und erneuert sich in einem Kreis. Die Weisheit der Wölfe und die Lehren der Natur basieren jeweils auf acht Säulen, die eine zufriedene Koexistenz der Lebewesen mit Mutter Erde ermöglichen. Diese Säulen sind die Grundlage für ein selbstbestimmtes und zufriedenes Leben. Strebe und handle danach, mein Junge."

Wir reden, lachen und weinen noch bis spät in die Nacht hinein, ehe ich müde und glücklich in meine Hütte gehe. Die Nacht ist kalt und klar. Es ist, als ob die Sterne heute besonders hell leuchten und nur für mich um die Wette strahlen. In der Ferne höre ich das Heulen eines Wolfs.

* * *

„Sorgen, Ängste und traurige Momente
sind nicht eigenständige Ereignisse im Leben,
sondern vielmehr Nebenprodukte unserer Entscheidungen,
Lebensweise und Gedanken."

KAPITEL 20

Abschied

Ich trete aus der Hütte und sehe, dass mein Fahrer schon wartet. Wakanhca trägt ihren Zeremonienumhang. Eine Holzspange hält ihre langen, grauen Haare in einem Zopf zusammen.

Wakanhca wünscht mir alles Gute für meine Reise und bedankt sich, dass ich ihr zugehört habe. Meine Stimmung ist gedrückt. Meine Liebe zu dieser alten, weisen Frau, den Wölfen und dem wunderbaren Ort macht mir den Abschied schwer.

Wir entfernen uns auf dem schmalen Waldweg von den Hütten. Ich drehe mich noch einmal um und sehe, wie Wakanhca zum Abschied winkt. Was bleibt, ist die Dankbarkeit, dass ich dies alles erleben und verstehen durfte.

Banyaca, mein Fahrer, ist jetzt deutlich redseliger als auf der Hinfahrt. Ich erfahre, dass er der Sohn von Wakanhca ist und normalerweise in der Hütte wohnt, in der ich gehaust habe. Er erzählt, dass er eine Schwester hat, die in dem Ort lebt, wo mein Auto steht, und dass einer ihrer drei Söhne mein Amulett geschnitzt hat. Einmal im Monat bekommen Wakanhca und er Besuch von der Familie mit Stammesschwestern und -brüdern. Mit traditionellen Ritualen feiern sie das Leben und die Familie.

Ich erzähle Banyaca von meinen Erlebnissen mit Wakanhca und spreche meine Bewunderung für diese großartige Frau aus. Er ist überrascht, dass seine Mutter mit mir zu den Wölfen gegangen ist – das komme nicht oft vor und sei eine Ehre. Ich versichere ihm, dass ich es als solche empfunden habe.

Banyaca nennt mich Bruder, als er mich verabschiedet, und bittet mich darum, nicht wieder zu dieser Menschenhülse zu werden, die ich nach seiner Auffassung gewesen bin, als wir uns das erste Mal getroffen haben. Ich verspreche es ihm, bedanke mich und gehe zu meinem Mietwagen.

Der Kontakt mit der sogenannten Zivilisation fällt mir schwer, selbst an diesem abgelegenen Ort. Meine zur Ruhe gekommenen Sinne sind im ersten Moment überfordert. Angst überkommt mich. Was wird? Was kommt? Wie soll es sein? Werde ich es schaffen, mein Leben so zu verändern, wie ich es mir vorgenommen habe? In Gedanken höre ich Wakanhca: „Bruder Wolf hat dir gezeigt, wie das geht."

Ich setze mich ins Auto, schließe die Tür und atme erst einmal kräftig durch. Meine Angst weicht der Zuversicht. Ich schaffe das, sage ich laut. Meine neue Reise beginnt, ich freue mich darauf.

An der kleinen Tankstelle besorge ich mir etwas Proviant und Wasser, tanke den Wagen und mache mich auf den Heimweg. Gleich nachdem mein Smartphone aufgeladen ist, wähle ich die Nummer meiner Frau.

„Hi Schatz, ich komme nach Hause."

Sie freut sich und will wissen, wie es mir geht.

„Ich habe mich gefunden. Ich liebe dich und kann es kaum erwarten, dir alles zu erzählen. Ich freue mich auf euch."

„Wir uns auch auf dich, fahr vorsichtig."

Sie hat gespürt, dass ich am Telefon nicht über meine Reise reden will. Diese Geschichte verdient es, in Ruhe erzählt zu werden.

Sie beendet einen Lebensabschnitt und schafft Platz für einen neuen.

Was hat mich die Zeit mit den Wölfen, mit Wakanhca, dieser wunderbaren, spirituellen Frau, gelehrt? Die wohl wichtigste Erkenntnis ist, dass Zufriedenheit eine bewusste Entscheidung ist. Ich kann mich dafür oder dagegen entscheiden. Ein erfülltes und selbstbestimmtes Leben erfordert nun mal Entscheidungen. Jedes Lebewesen ist das Produkt seiner Entscheidungen. Man trifft im Laufe seines Lebens gute und schlechte, so ist das eben. Wichtig ist, wie wir mit dem Ergebnis und mit Irrtümern sowie Fehlern umgehen.

Ich bin mir darüber klar geworden, dass ich für mich und meine Zukunft selbst Verantwortung trage.

Dank Wakanhca habe ich verstanden, dass ich mich nicht hinter Ausreden verstecken darf, wenn ich mein Leben selbst gestalten möchte. Ich darf mich selbst lieben, mit all meinen Stärken und Schwächen und auf das Große Ganze vertrauen. Alles hängt zusammen, alles bildet einen Kreis.

* * *

„Kultiviere das zarte Pflänzchen der Zufriedenheit in deinem Inneren und pflege es täglich mit Sorgfalt und Achtsamkeit."

KAPITEL 21

Ende und Anfang

Mein Leben hat sich geändert. Grundlegend.

Bin ich zufriedener? Auf jeden Fall.

Bin ich schon am Ziel? Noch lange nicht.

Bereue ich die Veränderung? Nein, zu keiner Zeit.

Ich habe es geschafft, ein anderes, nämlich mein Leben zu führen. Wie? Das ist eine andere Geschichte, die ein anderes Mal erzählt werden möchte.

Heute habe ich Post bekommen. Ein Brief von Wakanhca.

Lieber Fliegender Wolf, mein lieber Freund.

Mein Volk glaubt schon seit jeher daran, dass alles aus einem gewissen Grund passiert, immer. Jede Erfahrung, alle Geschöpfe und alle Tiere, die dir in deinem Leben begegnen, wurden geschaffen, um dich zu dem zu machen, der du heute bist. Jeder Schritt, den du machst, wird von den Kräften der Natur unterstützt und geführt. Du bist ein Teil des Großen Ganzen und trägst das Wissen und die Weisheit der Vorfahren in deinem Herzen. Personen, Krafttiere und Geister begegnen dir, um dich zu unterstützen. Der Große Geist schenkt uns diese Begegnungen, um darin den Kreis des Lebens zu begehen und zu wachsen.

Achte auf die, die dich dazu bringen, Dinge zu hinterfragen. Manche bleiben dauerhaft und andere nur für eine kurze Begegnung, aber sie helfen dir, Teile von dir selbst zu finden. Dies können Menschen, Tiere oder Erscheinungen sein, auch solche Wesen, die wir nicht mögen. Öffne dein Herz für diejenigen, die dich erwärmen, wenn du dich niedergeschlagen fühlst. Sie sind bereit, uns in ihr Leben zu lassen, und tun kleine Dinge, die einen gewissen Unterschied machen. Diese Leute verlassen uns oft zu früh, aber wir können ihr Andenken bewahren und sie ehren.

Personen, die immer für dich da sind, sollen ein fester Bestandteil deines Lebens werden. Sie begleiten dich durch die Herausforderungen, die das Leben dir stellt. Diese Helfer sind oft deine Freunde, Familie und sogar deine Krafttiere.

Schätze die, von denen du lernst. Manchmal sind die Lektionen schwer zu verstehen, und manchmal sind die Geschöpfe, die an sie gebunden sind, alles andere als freundlich. Es hängt nur davon ab, was das Große Ganze dir beizubringen versucht.

Wende dich denjenigen zu, die dir helfen zu wachsen, die dich durch die rauesten Phasen deines Lebens begleiten. Sie sind auf deiner Seite, von Herzschmerz bis zum Verlust. Diese Personen sind manchmal permanent da und manchmal nicht. Es kommt darauf an, wie groß ihre Rolle im großen Plan der Dinge ist.

Umgebe dich mit Leuten, die dich zum Denken anregen, dir Neues erzählen und dich an Dinge erinnern, die du sonst vergisst oder verdrängst. Sie erinnern dich daran, dass du nicht allein bist, dass alles zusammenhängt und dass diese Welt in Zeiten der Not unser Zuhause ist. Wenn du kurz davor bist aufzugeben, helfen dir diese Menschen, dich wieder zusammenzureißen und dir zu zeigen, dass du es nicht so schlimm hast wie manch andere Seele.

Suche nach denen, die dir zeigen, was du verdienst. Diese Leute ähneln denen, die dir helfen zu wachsen, aber sie sind doch ein wenig anders. Sie können die vollkommenen oder die schrecklichsten Geschöpfe sein, es hängt davon ab, wem du gegenüberstehst. Sie ebnen den Weg für andere Arten von Menschen, die du in dein Leben lassen solltest. Zum Beispiel, wenn du jemandem gegenüberstehst, der negativ ist, wirst du daraus lernen und wissen, dass du keine negativen Gestalten mehr in dein Leben lassen darfst.

Halte dich an deine Lehrer und gib dein Wissen weiter. Während andere dir Dinge zu bieten haben, hast auch du einiges für andere Menschen zu bieten. Du bist in der Lage, von Zeit zu Zeit Lektionen zu lehren. Das Große Geist sendet manchmal Charaktere auf unseren Weg, die die Worte hören müssen, die du aussprichst.

Mein lieber Freund. Die Zeit mit dir war ein wunderbarer Teil meiner Reise. Wir haben ein Lied, das wir singen, wenn gute Freunde getrennte Wege gehen müssen:

Ich habe deine Seele gefühlt, so wie du die meine. Du kannst in mein Herz sehen und ich in deins. Lass uns durch die Augen des anderen die Welt betrachten. So kann ich deine Angst spüren und dir beistehen.

Vertraue mir: Alles ist gut, mein lieber Freund. Du kannst meine Stärke haben, ich nehme die deine. Sorge dich nicht, wenn du keine Kraft hast, kannst meine haben.

Wenn dein Herz gebrochen ist, dann fühle ich das auch. Ich bin bei dir und begleite dich auf diesem Weg.

Eine gute Seele, wie deine, kann verletzt sein und traurig, aber sie wird niemals vergehen. Eine gute Seele lebt für immer im Kreis des Lebens. Die Welt dreht sich weiter. Sie dreht sich durch dich und mit dir.

Alles wird gut, alles wird neu.

Ich wünsche dir ein Leben in Frieden und im Einklang mit Mutter Erde. Folge dem Pfad der Liebe, genieße die Leichtigkeit im Sein, achte auf deinen Körper und Geist, nutze deine Potenziale, erhalte deine Familie, pflege deine Freundschaften, vertraue auf

die Bedeutung deines Seins und das Große Ganze.
Alles ist eins.
In Dankbarkeit und ewiger Verbundenheit.
Wakanhca

Ich bin gerührt. Es freut mich, von meiner weisen Lehrerin zu lesen. Wieder einmal hat sie schöne Worte gefunden, um mich innerlich zu erreichen. In Gedanken sehe ich sie auf einem Felsvorsprung stehen. Ihre grauen Haare wehen im Wind. Sie steht da, als wäre es ein Naturgesetz.

Ein Besuch bei Wakanhca ist längst überfällig. Vielleicht nimmt mich Banyaca mal mit zu einem Stammesritual.

Beim Zurückstecken des Briefs in das Kuvert fällt mir ein kleiner Zettel auf. Ich nehme ihn heraus und finde die Anweisung meiner Lehrerin an ihren Sohn.

„Banyaca, bitte sende diese Nachricht an meinen Freund Fliegender Wolf. Allerdings erst, wenn ich zum Großen Geist gegangen bin."

Ich kann meine Tränen nicht zurückhalten, auch wenn ich weiß, dass alles gut wird. Obwohl ich weiß, dass wir uns wieder treffen werden.

Ich werde dich und dein Ansehen ehren. Mach's gut, meine weise Freundin.

** Ende der Geschichte (nicht das Ende des Buches, nicht das Ende deiner Reise, lieber Leser) **

TEIL III
VERBUNDEN

* * *

„Oftmals neigen wir dazu zu vergessen, dass wir untrennbar mit der Natur verbunden sind und dass das Große Ganze nicht losgelöst von uns existiert. Wenn wir den Kontakt zur Natur verlieren, verlieren wir auch die Verbindung zu unserem inneren Selbst."

Du bist der Schlüssel zum Erfolg

Erzählungen sollen unterhalten. Die tiefere Absicht meiner Geschichte besteht darin, die Leser zu verändertem Handeln zu motivieren. Das Ergebnis kann überzeugend sein: mehr Zufriedenheit, weniger Unsicherheit, weniger Stress und vor allem das überwältigende Gefühl, für sein Leben selbst verantwortlich zu sein, weil wir besser verstehen, um was es wirklich geht.

Einige Leser werden die Geschichte für sich verarbeiten und die Lösungen adaptieren, die mein Erzähler für sich als solche erkannt hat. Im Grunde kann jedoch jeder von bewusstem Nachdenken, von Gesprächen und der Anleitung profitieren. Die unterschiedlichsten Personen aus meinem privaten und beruflichen Umfeld haben die weiter hinten im Buch beschriebenen acht Säulen genutzt, um ihre Zufriedenheit zu steigern und um ein selbstbestimmteres Leben zu führen. Den Prozess kann jeder auf seine individuellen Lebensverhältnisse anwenden. Zuerst sollte man die Geschichte lesen, wirken lassen und überdenken. Aus meiner Sicht lohnt es sich, sie (oder einzelne Kapitel) mehr als einmal zu lesen. Ich bin sicher, in dieser Geschichte steckt einiges an Energie. Jeder sollte sich die Fragen stellen, die sich unmittelbar aus der Erzählung ergeben:

- *Lebe ich mein Leben oder eines, das von mir erwartet wird?*
- *Warum bin ich hier?*
- *Was braucht es, um mich selbst zu lieben?*
- *Ist mir wirklich klar, dass ich für meine Zufriedenheit selbst verantwortlich bin?*
- *Wer kann meine Wakanhca sein und mir als Mentor zur Seite stehen?*

- *Was kann ich von den Wölfen und der Natur lernen?*
- *Was ist mein Beitrag für das Große Ganze?*

Für diese Überlegungen kann es äußerst hilfreich sein, seine eigenen acht Säulen zu reflektieren und sich geeignete Ziele zur Veränderung zu setzen. Für jede der acht Säulen lässt sich prüfen, wie unser Erzähler es geschafft hat, seine Haltung zu verändern.

Dann ist es an jedem selbst, Schritt für Schritt zu prüfen, was zu tun ist, um die Verantwortung für sein Leben zu übernehmen. Was erwartet mich, wenn ich mich der Veränderung hingebe?

Was die beschriebenen Erkenntnisse mit mir gemacht haben:

1. Ich habe kein Interesse mehr an sinnfreien Konflikten;
2. Ich habe die Fähigkeit, das Leben und den Moment zu genießen;
3. Angstfreie Spontanität im Denken und Handeln sind für mich normal geworden;
4. Meine Lust auf Neues, das Spiel und das Leben generell ist wieder zurück;
5. Ich habe mich davon abgewandt, andere beurteilen zu wollen;
6. Mehr Interesse an Chancen denn an Sorgen;
7. Ich genieße eine Verbundenheit mit mir, der Natur sowie mit Menschen und Tieren;
8. Was mich antreibt, ist die Akzeptanz der Bedeutung des großen Ganzen und meine Bedeutung für das Große Ganze.

Nach der Lektüre und der ersten Analyse der Inhalte dieses Buches lade ich jede und jeden gerne ein, mit anderen, die das Buch ebenfalls gelesen haben, und mit uns (Dr. Ralf Schneider und mir) über die Geschichte zu sprechen.

Zu diesem Zweck wird es zeitgleich mit der Veröffentlichung des Buches offene Diskussionsforen, Schulungsprogramme und Seminare geben. Mehr dazu unter: https://www.gr8progress.com/booktalk.

Die beschriebene Philosophie ist Teil meines Coachings und meiner Talent-Entwicklungsprogramme. Die Charaktere und Symbole der Geschichte (Wakanhca, Fliegender Wolf und die Wölfe) sollen den Austausch zu den Inhalten erleichtern und die Erörterung schwieriger Themen weniger bedrohlich machen. Die Erfahrung hat mich gelehrt, dass Diskussionen anhand von Geschichten, Fabeln oder Parabeln nützlich sein können, um quasi „mit dem nötigen Abstand" die Lage besser reflektieren zu können.

Aus den Lehren der Natur, der Weisheit der Wölfe und den Erkenntnissen der Lehrmeisterin ergeben sich die folgenden acht Säulen. Daran kann jeder für sich reflektieren, wie es unsere Figuren geschafft haben, zu mehr Zufriedenheit zu gelangen.

Zu guter Letzt: Alexander Buschenreiter beschreibt in seinem Buch „Spuren des Großen Geistes" (Herausgeber Lamuv, 272 Seiten, 1. Mai 1993, ISBN-10: 3889773079) eine wunderbare Frau als Großmutter des indianischen Widerstands und Bewahrerin der Tradition. Offensichtlich ein toller Mensch. Sie war die Inspiration für die Figur der Wakanhca in unserer Geschichte.

Viel Freude beim Reflektieren und die besten Wünsche für die erforderlichen Entscheidungen.

Die acht Säulen für ein selbstbestimmtes und zufriedenes Leben

1 Fröhlichkeit

Fröhlichkeit wird ausgelöst durch ein wohlwollendes Empfinden von Freude oder Glück. Durch Fröhlichkeit lassen sich schwierige Situationen besser meistern. Fröhlichkeit ist ansteckend und der Alltag lässt sich damit häufig einfacher bewältigen. Gesundheit und Fröhlichkeit erzeugen sich gegenseitig.

2 Familie

Eine intakte Familie ist die Kollektivbildung von Personen, die sich nahestehen, bedingungslos lieben und vertrauen. Für das Bestreben, geliebt und ernstgenommen zu werden, bietet die Familie die besten Voraussetzungen. Alle geben aufeinander acht, jeder ist für den anderen da.

3 Begabung

Begabung oder Talent bezeichnet die besondere Leistungsfähigkeit einer Person auf einem bestimmten Gebiet. Talent geht über erlerntes Wissen und durch Übung erlangte Fähigkeiten hinaus. Begabung resultiert häufig aus Leidenschaft für eine Sache. Sie ermöglicht ein überdurchschnittliches Leistungsniveau, welches zu Anerkennung und Selbstvertrauen führt. Achte darauf, dein Talent nicht zu verschwenden. Strebe nach einer befriedigenden Arbeit, bei der deine Begabung zur Geltung kommt. Wie zufrieden wir mit unserem Leben sind, hängt entscheidend davon ab, wie wir unsere Talente und Begabungen entfalten können.

4 Freundschaft

Ein auf gegenseitiger Zuneigung beruhendes Verhältnis verschiedener Charaktere, das auf Sympathie und Vertrauen basiert, zeichnet die Freundschaft aus. Sie muss nicht perfekt, aber echt sein. Das Geben und Nehmen in sozialen, nicht-familiären Kontakten gibt Halt und Kraft. Freunde tun gut, denn wer es schafft, gute Beziehungen aufzubauen, steigert damit sein Wohlbefinden. Wer funktionierende soziale Beziehungen hat, ist zufriedener und gesünder als Menschen, die isoliert leben. Kümmere dich um gute Freunde.

5 Wohlergehen

Gesundheit ist ein Zustand des vollständigen Wohlergehens: seelisch, körperlich, geistig und sozial. Eine robuste Gesundheit erlaubt dir, deinen wesentlichen Beschäftigungen und Zielen nachzugehen. Bewahre deine Energie für die wichtigen Dinge im Leben. Achte auf dich und deine Gesundheit – nicht erst bei Krankheit oder Gebrechen.

6 Bedeutung

Du bist von Bedeutung, alle anderen auch. Lebe das Leben, das du dir wünschst, aber respektiere alles und alle. Deine Bedeutung nimmt zu, je mehr du dafür sorgst, dass das menschliche Grundbedürfnis nach Liebe befriedigt wird. Hilf jenen, denen es nicht so gut geht – egal, ob Mensch, Tier oder Natur. Das macht dich noch bedeutender.

7 Liebe

Liebe ist ein Grundbedürfnis aller Geschöpfe und die stärkste Form der Zuneigung und Wertschätzung. Liebe sollte keine Bedingungen stellen. Sie ist das Einzige, das nicht weniger wird, wenn man sie großzügig hergibt. Liebe dich vor allem selbst und deine Mitmenschen.

8 Frieden

Frieden ist ein heilsamer Zustand der Stille oder Ruhe. Frieden ist keine Selbstverständlichkeit. Bemühe dich mit aktiver Friedfertigkeit, Verständnis, Toleranz und Vergebung um Frieden im großen Ganzen wie im Kleinen.

TEIL IV
DANKBAR

Vor dem Schreiben war das Erleben, Lesen, Lernen und Verstehen. Für alles zusammen konnte und durfte ich mir Zeit nehmen. Dafür bin ich sehr dankbar. Daher gebührt meiner Familie, allen voran meiner Frau, ein herzliches Dankeschön für die Zeit, die Geduld, den Rat und die Unterstützung – stets getragen von Respekt und Liebe. Ohne die gemeinsamen Erlebnisse, Reisen, Höhen und Tiefen, die ich mit meiner Familie und meinen Freunden verinnerlichen durfte, wäre dieses Buch nicht möglich gewesen. Der Glaube an diese Erzählung basiert auf die Liebe meiner Eltern, die spirituelle Weisheit meiner Schwester und das Vertrauen meines engsten Freundes. Ein dickes „Danke" und „gut gemacht" an meine Nichte Nena-Fee, für das Autorenfoto und die Idee zur Buchcover-Gestaltung.

Meinem Lektor Conrad Schormann danke ich für seine Inspiration, sein Vertrauen in mich und die Freiheiten bei der Gestaltung der Geschichte sowie die hilfreichen Tipps und die Motivation in Zeiten des Selbstzweifels. Ein ebenso herzliches Dankeschön geht an Kathrin vom novum Verlag für das Feintuning, und viel Glück mit dem Basilikum.

Dieses Buch ist eine Herzensangelegenheit und wäre vermutlich nicht zustande gekommen, hätte es nicht das mir nahestehende „Mastermind-Team" gegeben, das mich dazu angespornt hat, mit dem Schreiben zu beginnen. Vor allem möchte ich Birte und Nadine für die spirituelle Unterstützung danken.

Für das Vorwort, das qualifizierte Feedback und die Unterstützung war mein langjähriger Weggefährte Dr. Ralf Schneider eine große Hilfe. Danke.

Ohne das Vertrauen und Engagement seitens des novum Verlags wäre mein Erstlingswerk nicht möglich gewesen. Ich bin zutiefst dankbar, Teil der novum Verlagsfamilie zu sein.

Das Schreiben und Veröffentlichen eines Buches ist ein gemeinsamer Prozess, und ich weiß die Unterstützung und das Verständnis, das ich vom novum Verlags-Team, insbesondere von Viktoria Pultz, erhalten habe, sehr zu schätzen. Ich freue mich auf unsere weitere Zusammenarbeit und darauf, gemeinsam neue literarische Wege zu erkunden.

Zum Schluss danke ich mir selbst. Für meine Ausdauer, den Mut und die Bereitschaft zur Investition in dieses Projekt.

TEIL V
QUELLEN & ANREGUNGEN

Indigene Lehren und Weisheiten der Natur

Irokesen

*„Bei jedem Beschluss müssen wir dessen Auswirkungen
auf die siebte Generation berücksichtigen …
auch, wenn das erfordert,
eine Haut so dick wie die Rinde einer Kiefer zu haben."*

**Quelle: *„Große Gesetz des Friedens"*
*(engl.: „The Great Law of Peace" der Irokesen-Liga.)***

Wir müssen sieben Generationen in die Zukunft denken, und zwar nicht etwa, weil unser Seelenheil es erfordert, sondern weil unsere Nachkommenschaft davon abhängt. Es ist nicht einfach, seine Aufmerksamkeit auf einen imaginären Erben der siebten künftigen Generation zu projizieren, und darum haben die Irokesen dieses Gesetz verfasst. Sie brauchen eine dicke Haut, um im Sinne dieser sieben kommenden Generationen zu denken und zu handeln, die Querschüsse weniger transzendental orientierter Zeitgenossen zu vereiteln und den aktuellen Ansprüchen der Entscheidungsträger selbst zu widerstehen.

Für die Irokesen sind die Zeitperspektiven Gegenwart und transzendentale Zukunft gleichrangig. Die transzendentale Zukunft ist ein Partner in der Gegenwart. Die Nachkommen der sieben folgenden Generationen haben einen Platz am Tisch, an dem aktuelle Entscheidungen getroffen werden. Diese Perspektive schafft eine repräsentative Demokratie von Stellvertretern der heute Lebenden und all jenen, die in den kommenden sieben Generationen leben werden. Die heute lebenden Menschen geben ihre Stimme für die zukünftig Lebenden ab, zum Nutzen der Menschen, die in den kommenden sieben Generationen leben werden, und auch derjenigen, die heute leben. Eine so ausgedehnte Machtverteilung lässt wenig Raum für Eigennutz.

Der große Geist

Wakanhca ist ein Wort aus der Lakota-Sprache, die von einigen amerikanischen Ureinwohnern gesprochen wird. Es wird auch als „Wakan Tanka" geschrieben und wird oft als „der große Geist" oder „das große Mysterium" übersetzt. Es ist ein zentraler Begriff im traditionellen spirituellen Glauben der Lakota und bezieht sich auf eine höhere Macht oder Kraft, die in allem und jedem existiert und die alle Dinge miteinander verbindet.

Wakan Tanka wird oft mit dem Christentum oder anderen monotheistischen Religionen verglichen, aber es gibt wichtige Unterschiede in der Art und Weise, wie die Lakota das Konzept verstehen und verehren. Für die Lakota ist Wakan Tanka eine transzendente Kraft, die in der Natur und in allen Dingen präsent ist und respektiert und verehrt werden sollte, aber nicht als eine Personifikation oder ein anthropomorphes Wesen.

Aborigines

Die Aborigines bezeichnen sich selbst frei übersetzt als Naturvolk. Es geht ihnen darum, sich der Natur anzupassen und möglichst nicht in sie einzugreifen. Sie glauben, dass alles – und somit auch der Mensch – aus der Erde hervorgekommen ist und dass der Mensch fester Bestandteil eines größeren natürlichen Ganzen ist. Der einzige Teil der Erde, den sie kultivieren möchten, sind sie selbst. Aus Sicht der Aborigines findet der einzig wahre Fortschritt im Geist statt.

Afrikas Ureinwohner

Viele afrikanische Völkern verehren Mutter Erde als das Göttliche. Die Erde wird als Mutter der Menschen stilisiert und trägt die Verantwortung für die Fruchtbarkeit des Bodens und auch der Menschen. Diese Lehre folgt dem Kreislauf des Lebens und den Jahreszeiten.

Außerdem verehren afrikanische Völker die Geisterwelt, die als spirituelle Mächte im Wasser, in den Felsen, Bäumen und im Busch regieren. Diese Geister erscheinen den Menschen und greifen in deren Leben ein. Verstorbene Vorfahren können in das Leben ihrer lebenden Nachkommen eingreifen, nehmen Tiergestalt an, um zum Beispiel ihre Familie zu beschützen oder ihr zur Seite zu stehen.

Das Wolfscredo von Del Goetz

1. Achte die Älteren
2. Unterweise die Jungen
3. Kooperiere mit dem Rudel
4. Spiele, wenn du kannst
5. Jage, wenn du musst
6. Ruh dich dazwischen aus
7. Teile deine Zuneigung
8. Gib deinen Gefühlen Ausdruck

Daraus ergeben sich die Regeln des Rudels:

1. Trage Sorge um die Jungen, denn sie sind unsere Zukunft
2. Zweifle nie an deinem Dasein
3. Bewahre deine wilde Seele
4. Sei umgänglich
5. Lebe das Leben wie ein Spiel
6. Liebe deine Freiheit
7. Lebe für die Jagd, jage, um zu leben
8. Bewege dich flink und hinterlasse (nur) Spuren, keinen Schaden.

Quelle: https://chwolf.org/woelfe-kennenlernen/wolfskredo (Stand 20.06.2023)

Auf der Suche nach dem Göttlichen

Die im Folgenden beschriebenen Zusammenfassungen erheben keinen Anspruch auf theologische Richtigkeit und stellen lediglich ein Auszug aus der Recherche zu den verschiedenen Religionen dar.

Buddhismus

Der Buddhismus hat das Ziel, die grundlegende karmische Ursache des Leidens endgültig aufzulösen. Geht es nach Buddha, dann haben Erfahrungen und Geschehnisse ihre Ursachen nicht nur in diesem Leben, sondern auch in bereits gelebten Existenzen. Ein großer Kreislauf mit einer ganzheitlichen Betrachtung des Lebens. Demnach wirken Taten, Gedanken, Rede und Handlung auch in der Zukunft (Karma-Prinzip).

So lässt sich erklären, warum innere und äußere Umstände, Denkmuster und Prägungen der Menschen so unterschiedlich sind. Buddhismus gilt als Religion. Im Unterschied zu den Glaubensreligionen wie Christentum, Judentum oder Islam spricht man beim Buddhismus von einer Erfahrungsreligion. Jeder hat das Ziel, mit dem eigenen Geist, die „Buddha-Natur" zu erlangen. Die Kernaussage ist, dass in jedem Menschen die Fähigkeit zur Erleuchtung und vollkommenen Zufriedenheit bereits vorhanden ist. Der Weg dorthin führt vor allem über Eigenverantwortung, inneren Frieden und die Liebe.

Im Buddhismus gibt es wenig Vorschriften. Es geht darum, das Große Ganze bewusst zu hinterfragen und durch eigene Erfahrungen zu überprüfen.

Der 14. Dalai Lama wird im tibetischen Buddhismus als erleuchtetes Wesen verstanden, das aus Liebe und Mitgefühl reinkarnierte. Er ist bewusst wieder in die menschliche Existenz zurückgekehrt. Der 14. Dalai Lama wird wie folgt zitiert: „Natürlich wollen die meisten Menschen eines friedlichen Todes sterben, aber es ist klar, dass wir nicht hoffen können, in Frieden zu sterben, wenn unser Leben voller Gewalt war oder unser Geist vorrangig von Gefühlen wie Ärger, Anhänglichkeit oder Furcht beherrscht wurde. Wenn wir also wünschen, gut zu sterben, müssen wir lernen, gut zu leben."

Judentum

Juden glauben an einen einzigen Gott, der das Universum erschaffen hat. Der Glaube ist ein Bund mit Gott, den man eingeht, um Gottes Gebote zu erfüllen. Aus Sicht der Juden bedarf der Mensch keiner Erlösung aus der Erbsünde. Jeder Mensch sündigt im Laufe seines Lebens. Aufrichtige Reue bringt die Versöhnung mit Gott mit sich. „Schalom", ist das hebräische Wort für „Frieden". In der Heiligen Schrift der Juden (Tora) kommt das Wort „Schalom" über 200 Mal vor. Frieden suchen und ihm „nachjagen" ist eine wichtige Botschaft dieser Religion.

Den Gläubigen ist es verboten, sich gegenseitig zu schaden oder übereinander Lügen zu verbreiten. Das Volk soll in Frieden mit sich selbst, untereinander, mit anderen Völkern und mit Gott leben. Dazu gehört, dass die Menschen gerecht miteinander umgehen. Mit „Schalom" grüßen sich die Juden und wünschen sich so gegenseitig Frieden.

Christentum

„Selig sind, die Frieden stiften, denn sie werden Gottes Kinder heißen", wird Jesus in der Bergpredigt zitiert. Er ruft dazu auf, sogar seine Feinde zu lieben. Damit setzt sich Jesus für Frieden und ein friedliches Zusammenleben aller Menschen ein. Alle Christen sind aufgefordert, etwas für den Frieden zu tun. Das fängt bei sich selbst an und schließt diejenigen ein, mit denen sie zusammenleben, ob sie sie mögen oder nicht.

Jesus lässt Aggression ins Leere laufen und durchbricht damit den Kreislauf von Gewalt und Gegengewalt. Diese Friedensbotschaft ist ein zentrales Element des Christentums.

Christliche Werte und religiöse Vorschriften existieren in Form der Katechismen der christlichen Kirchen. Die wichtigsten Tugendbegriffe sind: Friede, Glaube, Liebe, Hoffnung, Barmherzigkeit und Gerechtigkeit.

Islam

Auch im Islam hat der Friede eine zentrale Bedeutung. „Islam" ist arabisch und bedeutet „Frieden" oder „Hingabe". Wenn sich arabische Muslime begrüßen, sagen sie „Salam alaikum", das bedeutet „Friede sei mit dir".

Das Wort „Frieden" kommt im Koran (der Heiligen Schrift der Muslime) über 40-mal vor. Im Koran heißt es: Wenn der Gegner zum Frieden bereit ist, „so sei auch du ihm geneigt und vertrau auf Gott". Vom Propheten Mohammed wird überliefert: „Ein Muslim ist derjenige, vor dessen Zunge und Hand die Menschen sicher sind." Kein Muslim soll demnach einen anderen mit Worten oder Waffen verletzen.

Das Streben nach innerem und äußerem Frieden hat im Islam eine große Bedeutung.

Hinduismus

Der Hinduismus vereint verschiedene Glaubensrichtungen. Die Anhänger glauben teilweise an unterschiedliche Götter. Und doch feiern und beten sie zum großen Teil gemeinsam. Damit praktizieren die Hindus aktiv den Frieden und die „Einheit in der Vielfalt".

Im Hinduismus soll kein Lebewesen verletzt oder getötet werden. Wie bei den Lehren der Natur und der Weisheit der Wölfe begegnen uns acht Kernaussagen und Regeln im Hinduismus.

1. Die Heilige Schrift (Veden) berichtet vom Gleichgewicht der Verschiedenheit. Diese ist die Basis für die Toleranz anderer Religionen gegenüber.
2. Das Göttliche existiert in vielen verschiedenen Formen und unterschiedlichen Göttern.
3. Kühe sind heilig. Sie gelten ihrer Milch wegen als Mutter und Ernährerin. Die Tiere dürfen nicht gegessen oder ver-

jagt werden. „Kamadehnu" (die Mutter aller Kühe) soll in der Lage sein, Wünsche erfüllen zu können. Der Gott Krishna ist der Lehre nach bei Kuhhirten aufgewachsen.

4. Ein Hindu sollte sich mindestens einmal in seinem Leben im Fluss Ganges waschen, um sich von seiner Schuld zu befreien.

5. Samsara – der ewige Kreislauf des Lebens – besteht aus Leben, Tod und Wiedergeburt.

6. Das Karma oder Schicksal entsteht durch gute oder schlechte Taten. Es bestimmt, in welcher Gesellschaftsschicht (Kaste) ein Hindu im nächsten Leben wiedergeboren wird.

7. Das Ziel eines Hindus ist es, aus dem ewigen Kreislauf der Wiedergeburt („Samsara") auszutreten. Das erreicht er, indem seine individuelle Seele („Atman") durch die Erlösung oder Transzendenz mit dem Großen Ganzen („Brahman") verschmilzt.

8. Es ist eine ewige („Santana") kosmische Ordnung („Dharma"), die das Große Ganze im Universum darstellt. Dazu gehört alles, mitsamt den Naturgesetzen und aller irdischen Lebensformen.

Ikigai

Die japanische Philosophie Ikigai befasst sich mit einem übergeordneten Sinn des Lebens. Es geht darum, das eigene Ich zu lenken. Wörtlich übersetzt bedeutet Ikigai „Lebenswert" („iki" für „Leben" und „gai" für „Wert"). Im Wesentlichen geht es darum, herauszufinden, was das Leben zufriedener und für den einzelnen lebenswert macht. Ziel ist es, den persönlichen Grund zu identifizieren, der es lohnend macht, einen neuen Tag zu beginnen. Das Ganze versteht sich als individueller Sinn des Lebens und als Schlüssel für ein erfülltes Leben.

Blaise Pascal

Blaise Pascal war ein französischer Mathematiker, Physiker, Literat und christlicher Philosoph. Die pascalsche Wette ist sein berühmtes Argument für den Glauben an Gott und kann wie folgt beschrieben werden:

Es gibt Gott oder es gibt ihn nicht. Doch für welche Seite sollen wir uns entscheiden? Wägen wir Gewinn und Verlust der Wette ab, dass es ihn gibt. Wenn wir gewinnen, gewinnen wir alles, wenn wir verlieren, verlieren wir nichts. Setzen wir also, ohne zu zögern, darauf, dass es ihn gibt.

Quelle: https://de.wikipedia.org/wiki/Pascalsche_Wette (Stand 20.06.2023)

Gibt es Gott?

Und kann man seine Existenz beweisen? Wie wäre es zum Beispiel damit: Die einzig sinnvolle Vorstellung, die wir uns von Gott machen können, ist die eines unendlich großen und vollkommenen Wesens. Denn alles andere wäre kein Gott, zumindest nicht im christlichen Sinne. Gott, so könnte man sagen, ist das, über das hinaus Größeres nicht gedacht werden kann. Doch, wenn es zur Vorstellung von Gott gehört, dass er alle Eigenschaften der Großartigkeit besitzt, dann gehört es auch zu diesen Eigenschaften, dass er existiert. Würde er nicht existieren, so würde es ihm zumindest an einer Eigenschaft mangeln, nämlich zu sein – und dann wäre es nicht Gott. Etwas, über das hinaus nichts Größeres gedacht werden kann, muss also existieren, denn ansonsten ist diese Vorstellung widersinnig. Folglich lässt sich schließen: Es gibt Gott!

Quelle: Wer bin ich und wenn ja, wie viele? Richard David Precht. Goldmann Verlag. ISBN 978-3-442-31143-9. 397 Seiten. Auszug der Seiten 277–297.

Unsere Umwelt: Wohin geht die Reise?

Der Bericht des Club of Rome von 1995 besagt, dass die Grenzen des Wachstums längst überschritten wurden. Experten gestehen ein, dass Wirtschaftswachstum nicht mehr der Wohlstandsmehrung der Menschen dient, sondern sich zum Selbstzweck entwickelt hat. Im Wesentlichen dient es der Vermehrung des Vermögens. Kann ein solches System die Basis für ein nachhaltiges und friedliches Zusammenleben bilden?

Wohl kaum. Gemeinsam können wir uns und die Menschheit neu erfinden. Mit der richtigen Kultur kann es gelingen, eine soziale Marktwirtschaft zu schaffen, die ein ausbalanciertes Wertesystem ermöglicht. Ein System mit dem Ziel, eine Ausgewogenheit zwischen Liberalismus und Sozialismus, zwischen Konkurrenz und Solidarität und zwischen Ökonomie und Ökologie zu schaffen. Es ist längst an der Zeit, etwas zu verändern. Das globale Wirtschaftssystem, wie wir es kennen, ist in Bezug auf Menschlichkeit und Nachhaltigkeit gescheitert. Profit steht über Umweltschutz, Menschenrechte werden dem Gewinn untergeordnet. Der kommenden Generation muss es gelingen, die Gier und die destruktiven Potenziale unter Kontrolle zu bringen. Wir brauchen Menschen, die für die Entwicklung einer sozial-, natur- und kulturverträglichen Produktions- und Wirtschaftsweise einstehen. Jeder kann etwas dazu beitragen, dass Erfolg neu definiert wird. Ein erster Schritt könnte sein: Weg von bekannten Kennziffern wie permanentem Wachstum, Rentabilität etc. Erfolg muss auch unter ethischen Gesichtspunkten definiert werden. Wir können und sollen weiterhin Gewinne machen und erfolgreich sein – aber eben nicht mehr um jeden Preis und nicht mehr auf Kosten der Natur und der Menschlichkeit.

Quelle: Faktor Vier: Doppelter Wohlstand – halbierter Naturverbrauch von Ernst Ulrich von Weizsäcker, Amory B Lovins. Knaur Verlag. 352 Seiten, 1. Januar 1995, ISBN-13 978-3426268773

Film Empfehlungen

Wölfe – Ein Film von Julia Huffman und Jim Brandenburg
Regisseur: Julia Huffman
Laufzeit: 1 Stunde und 11 Minuten
Erscheinungsdatum: 6. April 2017
Studio: Tiberius Film
ASIN: B01N2AFS8I

Kanadas Küstenwölfe von Mio Hoshino
Erscheinungsdatum: 15. Juli 2020 (Deutschland)
Auch bekannt als: Les loups pêcheurs du Canada
Produktionsfirmen: NHKOff the FenceWin-K
Laufzeit: 43 Minuten

Polarwölfe – Überleben in der Arktis von Oliver Goetzl
Regisseur: Oliver Goetz, Ivo Nörenberg
Laufzeit: 1 Stunde und 30 Minuten
Erscheinungstermin: 27. September 2019
Darsteller: Stephan Benson
Studio: Studio Hamburg
ASIN: B07TKNFKLM

Literaturempfehlung und
Quellen der Inspiration

Das geheime Netzwerk der Natur – Peter Wohlleben
Verlag: Ludwig, München
Seitenzahl: 223
Erscheinungstermin: 11. September 2017
ISBN-13: 9783453280960
ISBN-10: 3453280962

Das geheime Band – Peter Wohlleben
Verlag: Ludwig, München
Seitenzahl: 239
Erscheinungstermin: 12. August 2019
ISBN-13: 9783453280953
ISBN-10: 3453280954

Das geheime Leben der Bäume – Peter Wohlleben
Verlag: Heyne
Seitenzahl: 224
Erscheinungstermin: 9. Dezember 2019
ISBN-13: 9783453604322
ISBN-10: 3453604326

Die acht großen Lehren der Natur – Gary Ferguson
Verlag: DTV
Originaltitel: The Eight Master Lessons Of Nature
Seitenzahl: 252
Erscheinungstermin: 19. Juni 2020
ISBN-13: 9783423282246
ISBN-10: 342328224X

Mach, was du kannst – Aljoscha Neubauer
Verlag: DVA
Seitenzahl: 270
Erscheinungstermin: 12. März 2018
ISBN-13: 9783421047939
ISBN-10: 3421047936

Spuren des Großen Geistes – Alexander Buschenreiter
Verlag: Lamuv
Erscheinungstermin: 1993.
ISBN-13: 9783889773074
ISBN-10: 3889773079

Die Weisheit der Wölfe – Elli H. Radinger
Verlag: Heyne
Seitenzahl: 288
Erscheinungstermin: 11. April 2019
ISBN-13: 9783453605121
ISBN-10: 3453605128

Wolfsküsse – Elli H. Radinger
Verlag: Aufbau TB
Seitenzahl: 224
Erscheinungstermin: 13. April 2018
ISBN-13: 9783746634906
ISBN-10: 3746634903

Das geheime Wissen der Wölfe – Jim Dutcher
Verlag: National Geographic Buchverlag
Originaltitel: THE WISDOM OF WOLVES
Seitenzahl: 190
Erscheinungstermin: 22. Mai 2019
ISBN-13: 9783866906938
ISBN-10: 3866906935

Das Pinguin-Prinzip – John Kotter & Holger Rathgeber
Verlag: Droemer HC
Seitenzahl: 160
Erscheinungstermin: 22. August.2011
ISBN-13: 978-3426275726

Wer bin ich und wenn ja, wie viele? – Richard David Precht
Verlag: Goldmann
Seitenzahl: 397
Erscheinungstermin: Oktober 2012
ISBN-13: 9783442155286
ISBN-10: 3442155282

Die Kunst, kein Egoist zu sein – Richard David Precht
Verlag: Goldmann
Seitenzahl: 539
Erscheinungstermin: 17. April 2012
ISBN-13: 9783442156313
ISBN-10: 3442156319

Die neue Psychologie der Zeit – Philip Zimbardo & John Boyd
Verlag: Spektrum Akademischer Verlag/Springer Spektrum
Originaltitel: The Time Paradox
Erscheinungstermin: 26. Mai 2011
ISBN-13: 9783827428455
ISBN-10: 3827428459

Unvermeidlich glücklich – Manfred Lütz
Verlag: Penguin Verlag München
Seitenzahl: 192
Erscheinungstermin: 14. August 2017
ISBN-13: 9783328101130
ISBN-10: 3328101136

Willst du normal sein oder glücklich? – Robert Betz
Verlag: Heyne
Seitenzahl: 256
Erscheinungstermin: 8. April 2011
ISBN-13: 9783453701694
ISBN-10: 3453701690

Shaolin: Du musst nicht kämpfen, um zu siegen – Bernhard Moestl
Verlag: Droemer/Knaur
Seitenzahl: 272
Erscheinungstermin: 13. Dezember 2010
ISBN-13: 9783426783986
ISBN-10: 3426783983

Kinder fragen, Nobelpreisträger antworten – Bettina Stiekel
Verlag: Heyne
Seitenzahl: 198
ISBN-13: 9783453197022
ISBN-10: 345319702X

Glückliche Gesellschaft – Richard Layard
Verlag: Campus Verlag
Originaltitel: Happiness
Seitenzahl: 324
Erscheinungstermin: 2. März 2009
ISBN-13: 9783593389226
ISBN-10: 3593389223

Die Glückshypothese – Jonathan Haidt
Verlag: VAK-Verlag
Originaltitel: The Happiness Hypothesis
Seitenzahl: 368
Erscheinungstermin: 28. September 2022
ISBN-13: 9783867312561
ISBN-10: 3867312567

Das DOC Weingart Erfolgsprogramm (1) – Dr. med. Johannes Weingart & Dr. med. Pia Weingart
Verlag: Doc Weingart GmbH Department Verlag
Seitenzahl: 128
Erscheinungstermin: 2015
ISBN-13: 978-3-945815-53-3

Die Regeln des Glücks – Dalai Lama & Howard C. Cutler
Verlag: Herder, Freiburg
Seitenzahl: 352
Erscheinungstermin: 5. Juni 2012
ISBN-13: 9783451062476
ISBN-10: 345106247X

Die Kraft des Dialogs – Mirriam Prieß
Verlag: Südwest
Seitenzahl: 240
Erscheinungstermin: 22. März 2021
ISBN-13: 9783517099620
ISBN-10: 3517099627

Die Mitternachtsbibliothek – Matt Haig
Verlag: Droemer/Knaur
Originaltitel: The Midnight Library
Seitenzahl: 320
Erscheinungstermin: 3. April 2023
ISBN-13: 9783426308257
ISBN-10: 3426308258

Mutter Erde trage mich – Gila van Delden
Verlag: Country, Halle
Seitenzahl: 350
Erscheinungstermin: 18. Januar 2001
ISBN-13: 9783980314428
ISBN-10: 3980314421

Auf den Spuren unserer Träume mit der Weisheit der Aborigines – von R. Bosnak
Verlag: Goldmann
ISBN-13: 9783442132249
ISBN-10: 344213224X

The Big Five for Life – John P. Strelecky
Verlag: DTV
Originaltitel: The Big Five for Life
Seitenzahl: 256
Erscheinungstermin: 1. Februar 2009
ISBN-13: 9783423345286
ISBN-10: 3423345284

Cafe am Rande der Welt – John P. Strelecky Verlag: DTV
Originaltitel: The Why Are You Here Cafe
Seitenzahl: 128
Erscheinungstermin: 1. Februar 2007
ISBN-13: 9783423209694
ISBN-10: 3423209690

Faktor Vier: Doppelter Wohlstand – halbierter Naturverbrauch – Ernst Ulrich von Weizsäcker, Amory B Lovins.
Verlag: Knaur
Seitenzahl: 352 Seiten
Erscheinungstermin: 1. Januar 1995
ISBN-13 978-3426268773

EIN HERZ FÜR AUTOREN A HEART FOR AUTHORS À L'ÉCOUTE DES AUTEURS MIA ΚΑΡΔΙΑ ΓΙΑ ΣΥΓΓ
FOR FÖRFATTARE UN CORAZÓN POR LOS AUTORES YAZARLARIMIZA GÖNÜL VERELIM SZ
AUTORI ET HJERTE FOR FORFATTERE EEN HART VOOR SCHRIJVERS TEMOS OS AUT
SERCE DLA AUTORÓW EIN HERZ FÜR AUTOREN A HEART FOR AUTHORS À L'ÉCO
ВСЕЙ ДУШОЙ К АВТОРАМ ETT HJÄRTA FÖR FÖRFATTARE À LA ESCUCHA DE LOS AUTO
ΚΑΡΔΙΑ ΓΙΑ ΣΥΓΓΡΑΦΕΙΣ UN CUORE PER AUTORI ET HJERTE FOR FORFATTERE EEN
ZERZÖINKÉRT SERCE DLA AUTORÓW EIN HERZ FÜ
CORAÇAO ВСЕЙ ДУШОЙ К АВТОРАМ ETT HJÄRTA FÖ

Der Autor

Ralf Schollenberger ist ein erfahrener Berater, Mentor, Stresstherapeut und Erfinder. Geboren 1969 in Bietigheim und aufgewachsen in Baden-Württemberg, lebt er seit vielen Jahren im Raum München. Nach einer erfolgreichen Karriere als Führungskraft und Geschäftsführer in einem großen Konzern entschied sich Ralf Schollenberger im Jahr 2020 für die Selbstständigkeit und spezialisierte sich auf Talent-, Strategie- und Start-up-Entwicklung. Sein Ziel ist es, Menschen zu befähigen, ein selbstbestimmtes und erfülltes Leben zu führen. Neben seiner beruflichen Tätigkeit hegt er eine Leidenschaft für Sport, Tiere und die Natur. Ralf Schollenberger ist seit 1999 verheiratet und hat erwachsene Zwillinge. Das Buch „Weil es ums Ganze geht" ist das Erstlingswerk von Ralf Schollenberger. Das Vorwort stammt aus der Feder seines Freundes Dr. Ralf Schneider, CIO der Allianz Gruppe, Philanthrop und engagiert in verschiedenen Organisationen mit Bezug zur Cybersicherheit.

Der Verlag

*Wer aufhört
besser zu werden,
hat aufgehört
gut zu sein!*

Basierend auf diesem Motto ist es dem novum Verlag
ein Anliegen, neue Manuskripte aufzuspüren, zu veröffentlichen und deren Autoren langfristig zu fördern.
Mittlerweile gilt der 1997 gegründete und mehrfach
prämierte Verlag als Spezialist für Neuautoren in
Deutschland, Österreich und der Schweiz.

**Für jedes neue Manuskript wird innerhalb we-
niger Wochen eine kostenfreie, unverbindliche
Lektorats-Prüfung erstellt.**

Weitere Informationen zum Verlag und
seinen Büchern finden Sie im Internet unter:

www.novumverlag.com